# ENCYCLOPÉDIE

# DES DAMES.

IMPRIMERIE DE FAIN, PLACE DE L'ODÉON.

# LA MAISON

# DE CAMPAGNE.

PAR M<sup>me</sup>. Aglaé ADANSON.

Heureux qui dans le sein de ses dieux domestiques
Se dérobe au fracas des tempêtes publiques,
Et, dans un doux abri, trompant tous les regards,
Cultive ses jardins, les vertus et les arts.
DELILLE, *Géorg. fr.*, ch. II.

TOME PREMIER.

# PARIS,

AUDOT, LIBRAIRE-ÉDITEUR,
RUE DES MAÇONS-SORBONNE, N°. 11.

1822.

# LA MAISON DE CAMPAGNE.

---

## INTRODUCTION.

L'OUVRAGE que j'offre au public est le résultat de quinze années d'une expérience acquise à la campagne.

Depuis long-temps je réunissais des matériaux pour former un recueil de toutes les observations que je croyais pouvoir servir à ceux qui se destinent à mener comme moi une vie toute champêtre, lorsque l'éditeur de l'Encyclopédie des dames m'engagea à profiter de la circonstance pour le joindre à sa collection. Ce n'est pas sans beaucoup d'hésitation, fondée sur le sentiment que j'ai de mon insuffisance, que je me suis décidée à accéder à sa demande; et si quelque chose peut justifier l'apparence de présomption qu'il y a de ma part à oser m'associer aux auteurs de l'Encyclopédie des dames, c'est le désir que j'ai d'être utile à mon sexe, en lui inspirant l'amour de la vie champêtre; persuadée que je suis qu'elle procure le bonheur le plus durable, le seul qui à une certaine époque ne laisse aucun regret. Je voudrais initier les femmes dans cette science qui m'a fait oublier toutes les peines et les adversités attachées à la condition humaine, pour me laisser jouir de la paix du cœur. Puissé-je réussir! Mais je commence par déclarer que je crains beaucoup de ne pas avoir le talent nécessaire pour persuader de ce que je sens si bien. Après cet aveu sincère, je me croirai dispensée, dans le courant de cet ouvrage, de toutes les phrases d'usage pour certifier de ma modestie et de mon incapacité; cela ne ferait qu'allonger inutilement, et nuire à la simplicité qui doit être le caractère essentiel d'un travail de ce genre.

Je suppose que celle qui me lit a bien voulu me demander des conseils, je vais les lui donner; s'ils sont accueillis avec bienveillance, je serai trop heureuse; dans le cas contraire, très-probable, j'aurai du moins la consolation qui reste à ceux dont les bonnes et pures intentions n'ont pas atteint le but.

J'indiquerai les principes généraux que je crois les plus efficaces pour obtenir le résultat suivant, savoir : d'établir à la campagne une administration et un genre de vie qui puissent procurer tout le bonheur auquel un être raisonnable doive aspirer. Chacun les modifiera selon sa position, ses goûts et son caractère.

Avant de vous déterminer à vivre à la campagne exclusivement ( car tout ce que j'ai à vous dire ne peut s'adresser aux personnes qui ne passent que deux ou trois mois chaque année dans leur terre), assurez-vous par de mûres réflexions que vous êtes dans la ferme volonté de persévérer, et de surmonter les dégoûts qui accompagnent nécessairement les établissemens nouveaux. Je ne puis vous les décrire tous, car ils tiendront au local et aux choses particulières à votre situation ; mais, quels qu'ils soient, vous les vaincrez avec le temps, et surtout la résolution de le faire. Vous devez d'abord vous soumettre aux usages du canton pour ce qui ne regardera pas l'administration intérieure de votre maison : celle-ci est et doit être toute à vous ; et quand il s'agira d'amener vos voisins à se conformer à vos heures, à vos manières, vous y parviendrez insensiblement, et pour ainsi dire à leur insu.... Il n'y a rien dont l'affabilité, la douceur et la *persévérance* ne triomphent : ce mot a beaucoup d'importance, et j'appuie fortement dessus, car cette vertu sera pour vous de première nécessité ; mais ne la confondez pas avec l'obstination qui est un obstacle invincible à acquérir des connaissances : la persévérance est la louable volonté de mettre en pratique celles acquises ; c'est donc de cette dernière que j'ai voulu vous parler, et pour vous prouver son utilité, permettez que je vous entretienne un instant de moi ; je le ferai rarement.

Lorsque je vins m'établir dans le pays que j'habite, je ne trouvai que des gens soumis à une routine enracinée, et la plus mauvaise. Je savais bien qu'il serait inutile de chercher à leur prouver, par des raisonnemens, qu'ils avaient tort ; mais je voulais, dans ce qui regardait ma réserve particulière, ne point me soumettre à leurs usages et cultiver à ma manière. Les ouvriers que j'employais et même mes voisins riaient et me plaisantaient chacun selon son degré d'éducation ou de politesse. Mes premiers succès ni ceux qui les suivirent ne purent les convaincre ; n'importe, je persévérai avec une patience imperturbable, ne répondant rien, et ne changeant mes procédés que lorsque je voyais que le climat ou le terrain s'opposait à ce que je les employasse. Plusieurs années se passèrent ainsi ; cependant mes jardins, mes prés, mes plantations prospéraient à vue d'œil.... Il fallut bien en convenir ! maintenant on ne trouve de bons fruits que ceux provenus de mes greffes ; de bons légumes, que ceux que j'ai cultivés ; et chacun de m'en demander, en me priant d'y joindre des instructions : voilà l'effet de ma persévérance, et si j'avais bien des injustices, de petites envies à supporter, mes jardins me consolaient de tout.

### Des avantages de la vie champêtre.

La vie champêtre offre mille avantages : à la ville, avec une fortune médiocre, vous êtes réduite à toutes sortes de privations, d'autant plus difficiles à supporter que les objets de vos désirs sont perpétuellement sous vos yeux. Avec la même fortune, transportez-vous à la campagne, vous voilà dans l'abondance..... Et elle y est nécessaire, car non-seulement il faut y jouir amplement de tous les dons de la nature, mais il faut pouvoir encore les partager avec ses amis. C'est à la campagne qu'on peut appliquer justement ce proverbe : *Quand on n'a pas trop, on n'a pas assez.*

Cette profusion n'a pas le résultat rebutant et nuisible à la santé qu'offre à Paris une table chargée de plats : ici vous n'avez que des mets simples et sains ; les fruits, le laitage forment le luxe de vos repas : en quittant la table, leur vue et leur parfum vous sont encore agréables, et vous ne l'abandonnez que pour aller respirer celui plus doux encore des fleurs. Quelques tours de jardin dissipent la pesanteur qu'on éprouve en sortant de dîner pour entrer subitement dans un salon échauffé par les lampes ou les bougies. La santé a donc tout à gagner ; et la santé n'est-elle pas le plus grand de tous les biens ? Une vie active, sobre et réglée, est le premier principe d'hygiène, et ce n'est qu'à la campagne qu'on peut le mettre en pratique. Je crois avoir donné ici la preuve de deux grands avantages, attachés exclusivement à la vie champêtre : abondance et santé. Tous les autres paraîtront à leur place dans le cours de cet ouvrage, et s'y feront assez remarquer par eux-mêmes, sans que j'aie besoin de les désigner.

*De l'âge auquel on peut se déterminer à vivre à la campagne, et de la toilette qu'il convient d'y adopter.*

L'âge auquel on peut prendre le parti de se fixer à la campagne n'est pas indifférent. Trop jeune, cette résolution pourrait n'avoir pas de suite, car la raison et la stabilité ne sont pas l'apanage de la jeunesse; elle a assez de prérogatives, sans revendiquer celle-là : trop âgée on n'a plus l'activité, la force qu'exige la surveillance qu'on doit y exercer sans relâche, si l'on veut en tirer tous les avantages qui lui sont propres; d'ailleurs, les habitudes sont prises, et il serait aussi infructueux que nuisible de chercher à les vaincre. Je crois donc que trente ans est l'âge le plus convenable; on a alors toute la force physique et l'énergie d'âme nécessaires pour prendre une détermination sage, et pour y persévérer en dépit des obstacles.

Ne croyez pas que pour vivre à la campagne il faille renoncer à tous les agrémens de votre sexe : au contraire, c'est là qu'ils brillent de leur éclat le plus pur et le plus solide, parce qu'ils y paraissent dans toute leur simplicité n'empruntant rien à la parure. Simplicité et propreté excessive dans toute l'étendue du terme, sont les seuls charmes réels d'une femme : la parure occupe les yeux, mais ne dit rien au cœur.

Permettez-moi à ce sujet de vous donner mon avis sur la toilette qui me paraît convenable à la campagne, car je ne dois rien omettre pour tâcher de vous y faire trouver le bonheur ; et ce bonheur tient à la réunion d'une infinité de petits détails dont la vie entière se compose.

Je voudrais d'abord vous persuader de renoncer à ces longs corsets qui vous font tenir comme une poupée empalée, et vous privent de la souplesse qui est la grâce. La vie à laquelle je suppose que vous allez vous destiner exigera beaucoup d'activité ; il faudra vous baisser pour cueillir des légumes, des fleurs, arracher une herbe qui étouffe une plante chérie ; lever vos bras très-haut pour atteindre un fruit ou supprimer une branche......... Et comment faire tout cela sans être toujours à la torture, si vous êtes emmaillotée dans votre corset ? A la campagne vous ne devez éprouver de malaise que celui qui proviendra d'une cause tout-à-fait indépendante de vous. Je voudrais donc que vous adoptassiez un genre de corset que j'ai inventé pour mon usage, et qui vous soutiendra suffisamment, ainsi que vos habits : il a quatre pouces de haut par devant, cinq par derrière ; deux baleines très-minces et étroites sont placées devant à une distance convenable ; du reste, il se lace derrière *à la paresseuse*, en sorte que vous pouvez vous habiller vous-même, ce que je vous engage à faire, parce qu'à la campagne les domestiques ne doivent être employés qu'à des choses utiles. L'étoffe la plus convenable pour ce corset est le basin dit d'Orléans, mis double pour qu'il ne soit pas sujet à se plisser. De cette manière vous jouirez de toute l'aisance possible, sans que cela nuise à votre maintien, qui d'ailleurs doit tenir à une habitude naturelle.

Quant aux robes, la forme de redingote me paraît la plus commode; elles seront de toiles imprimées, d'un fond pas trop salissant, et bordées d'un seul rang de garniure; elles ne descendront qu'à la cheville, pour éviter l'embarras de les relever et conserver l'usage de vos deux mains. J'ajouterai ici que si vous avez la bonne habitude de vous vêtir peu, vous la conserverez.

Je crois qu'un tablier de soie noire, avec deux petites poches, vous serait infiniment commode pour contenir votre mouchoir, une petite serpette, et la clef de toutes vos clefs.... car il faut bannir le ridicule, quelle que soit sa forme. Votre coiffure sera plus simple encore : un chapeau de grosse paille d'Italie (la paille suisse est trop jaune et trop claire) ayant la passe très-avancée quoique d'une coupe agréable, et garni seulement d'un large ruban de même couleur.

Vous adopterez exclusivement les souliers de peau de chèvre avec une semelle un peu forte, afin de marcher d'un pas ferme sans trébucher à chaque caillou.

Pour l'hiver, il sera indispensable que vous vous habituiez à faire usage de petits sabots bien légers et très-minces, sans dessus; qui ne sont retenus que du bout de la pointe et par une bricole de cuir doublée de drap fin; on entre dedans son pied chaussé, sans déboucler cette bricole, et on le retire de même, ce qui ne donne aucune peine. On met ces sabots toutes les fois qu'on sort, et on les laisse sur le palier en rentrant. Ils doivent toujours être tenus propres et remis à la même place. Par ce moyen, quelque temps qu'il fasse, on évite l'humidité aux pieds; chose si nuisible à la santé, et qui donne les rhumatismes, la goutte et les rhumes à presque tous ceux qui habitent la campagne sans vouloir se soumettre à cette précaution.

Je n'ai plus à vous parler que des gants, et cet article est plus essentiel que vous ne l'imaginez. Devant vous occuper et vous mêler de tout, vos mains deviendraient nécessairement celles d'une fille de peine, si vous n'aviez l'attention de les préserver...... et rien ne serait plus inconvenant : car, dans quelque position que vous soyez, vous devez toujours rester femme, c'est-à-dire, conserver tous les agrémens qui sont le partage de votre sexe. Vos mains doivent donc être soignées comme celles d'une Parisienne; vous n'en retrancherez que l'affectation, qui consiste à laisser croître les ongles à la manière des Chinois... ce qui est contre nature, et par conséquent très-laid.... Les griffes ne sont utiles qu'aux animaux; quelques personnes en font un brevet d'oisiveté, mais ce ne sera pas celui que vous ambitionnerez. Vous serez simple comme la nature, et le soin de vos mains ne sera qu'une recherche de propreté. Pour obtenir ce résultat, sans être soumise à aucun esclavage, vous ne quitterez jamais vos gants que pour les repas, ou pour coudre; ceux du jardin seront en peau de mouton, forte et bien cousue en arrière-points, afin que la terre ne s'introduise pas par les coutures [1]; ceux de la chambre seront en peau de chien : L'expérience vous prouvera que cet article tout

---

[1] On n'en trouve pas de tout faits pour femme; il faut les commander chez un culottier. Ils coûtent 3 fr. la paire.

futile qu'il paraît, était nécessaire. Je le termine en vous répétant que cette toilette, dans son extrême simplicité, doit avoir le cachet de l'ordre et de la propreté : ne vous négligez jamais là-dessus.

A présent que je vous ai habillée de pied en cap pour votre nouvelle profession, je vais vous décrire l'emplacement et la distribution que je souhaiterais à votre habitation ; mais suivant celle que vous avez, ou que vous achèterez, vous pourrez approprier et modifier mes conseils ; car je ne vous engagerai point à bâtir, quelque soit votre fortune : ce serait éloigner votre jouissance... Le temps court, mettons-le de suite à profit.

Distance de la ville à laquelle doit être l'habitation.

Si vous voulez jouir véritablement des plaisirs attachés à la vie champêtre, établissez-vous à une distance de la ville, telle que vous soyez hors de la portée des importuns et que vous puissiez cependant vous procurer les approvisionnemens que vous ne sauriez trouver chez vous, et que vous serez obligée d'envoyer chercher une ou deux fois la semaine, selon la saison ; d'ailleurs, on peut être malade, un accident peut nécessiter un prompt secours de la ville ; la prudence veut donc que vous n'en soyez pas très-éloignée. Trois lieues de beau chemin me paraissent une distance qui réunit ces conditions ; elle permet de se rendre facilement à une invitation, mais elle est assez considérable pour faire hésiter à se mettre en route si l'on court le risque de ne trouver personne ; au contraire, n'étant qu'à demi-lieue, tous les promeneurs oisifs vous assaillent à chaque heure du jour, en sorte qu'au lieu de vivre à la campagne on se trouve en province, ce qui est bien différent!... Autant l'un est agréable, autant l'autre est insupportable.

Si vous pouvez aussi vous placer à un quart de lieue d'un village fourni d'un boucher et d'un boulanger, vous voilà parfaitement située.

*Description et distribution de la maison et de ses attenans.*

Ce n'est point d'un château dont je vais vous parler.... Vous n'y trouveriez pas le bonheur. Il ne s'agit ici que d'une maison modeste au dehors, et dans l'intérieur de laquelle vous mettrez autant de soin à bannir tout ce qui tient au luxe, qu'à réunir tout ce qui contribue à l'aisance et aux commodités de la vie. Elle sera entre cour et jardin : celui-ci au sud-ouest, l'autre au nord-est ; c'est la position que je crois la plus favorable, tant pour l'intérieur que pour le jardin, j'en dirai plus loin la raison ; vous ferez placer sur la toiture un ou deux paratonnerres, selon l'étendue du bâtiment [1].

La cour sera close : au fond par la maison ; des deux côtés, par les bâtimens d'aisance nécessaires ; sur le devant, par un petit mur d'appui surmonté d'une grille en fer ou en bois peint. Au juste milieu de ce mur sera la porte ou grille d'entrée, d'au moins neuf pieds d'ouverture ; à chacun de ses côtés sera une loge de chien, ayant l'entrée tournée vers cette porte.

---

[1] Pour 300 francs, frais de voyage compris, et tout fourni, M. Mérot, rue de Vaugirard, n°. 62, en place un de vingt-quatre à trente pieds.

La cour sera sablée et ornée de deux petites pièces de gazon, autour desquelles circulera un chemin assez large pour qu'une voiture puisse y passer librement. Vous ferez ratisser et râteler cette cour tous les samedis; vous ne souffrirez pas qu'on y jette aucune ordure ni épluchure. Les gazons seront tondus souvent et maintenus frais par des arrosemens pendant les sécheresses. Cet aspect agréable et soigné donnera une idée favorable dès le premier abord.

Je ne vous décrirai point l'extérieur de la maison, puisqu'il est convenu que vous ne la ferez point bâtir. Mais quelle que soit la distribution des pièces, vous pourrez toujours leur assigner l'emploi que je vais indiquer; puis d'ailleurs on s'arrange selon son local : je vous observerai seulement que toutes vos croisées devront être garnies au dehors de bons volets peints en gris à trois couches (le vert est de mauvais goût et sent la guinguette). Cette précaution est indispensable pour votre sûreté et pour préserver vos vitres des orages, de la grêle, et vos châssis de la pouriture.

La fenêtre de la cuisine, n'admettant point de volets, sera garnie de forts barreaux de fer, espacés de quatre pouces; toutes les lucarnes le seront de même.

Comme il faut que je base mes conseils sur une distribution quelconque, je suppose que vous aurez un rez-de-chaussée, un premier, et des mansardes ; que votre rez-de-chaussée sera composé d'une petite antichambre, d'une salle à manger, d'une office et d'un cabinet ; d'un salon de compagnie éclairé de quatre croisées ; d'une chambre à donner, avec un petit cabinet ; d'une grande cuisine à laquelle attiendra un charbonnier ; d'un garde-manger obscur et frais; enfin, d'une chambre de cuisinière.

### Ameublement du rez-de-chaussée.

Je vais traiter de suite de l'ameublement de ces différentes pièces, afin de n'y plus revenir ; mais auparavant, je dois encore vous dire que pour être sain, votre rez-de-chaussée doit avoir au moins trois ou quatre marches d'élévation au-dessus du sol.

Je ne décrirai que les objets qui ne tiennent pas purement au goût, mais qui sont nécessaires : à la campagne plus qu'ailleurs, on doit se procurer les meubles utiles ou commodes, et prohiber sans miséricorde tous les autres. Il faut aussi que ces meubles soient solides et faciles à tenir propres ; car si, comme je vous le conseillerai dans la suite, vous n'amenez point avec vous de domestiques de ville, ceux que vous prendrez à la campagne seront moins soigneux ; leur propreté sera plus grossière ; c'est un très-petit inconvenient, racheté par de grands avantages, et vous y obvierez facilement par l'ameublement que je vais indiquer. D'ailleurs, y a-t-il rien de si incommode que ces meubles historiés dont on est esclave, et dont les dorures écorchent sitôt qu'on en approche : ils ne sont bons que pour la représentation.... A la campagne, on n'a pas de place pour de tels ornemens ; tout doit y avoir son emploi, et les meubles oisifs seront expulsés aussi bien que les gens.

Vous devrez commander vos meubles, afin qu'ils soient tels que vous les désirez, et que surtout ils s'adaptent bien aux emplacemens. Ce soin porte l'empreinte d'une certaine élégance, la seule qui s'accorde avec le goût et la simplicité : elle produit, à l'aspect, ce sentiment du *comfortable* ( très-bien rendu par l'auteur de la *Maîtresse de maison*), et qui devient encore plus indispensable ici qu'à la ville, je tâcherai, sans vous en parler davantage, de vous le faire trouver dans l'habitation que je vous prépare.

### Antichambre.

Comme à la campagne les domestiques de la maison sont toujours occupés, et que lorsqu'il en vient d'étrangers on a coutume de les faire entrer dans la cuisine qui est de plain-pied, et qui de plus a une sortie particulière sur la cour, votre antichambre sera seulement l'endroit destiné à se laver les mains et s'essuyer les pieds avant d'entrer dans la salle à manger. Vous n'y placerez donc qu'une fontaine de tôle vernie avec sa cuvette, un crochet à côté pour y suspendre un essuie-main qu'on renouvellera chaque jour; un coffre de bois de chêne en forme de banc, qui puisse en servir en cas de besoin, dans lequel vous ferez mettre le bois du poêle de votre salle à manger; enfin un grand paillasson qu'on secouera tous les matins.

### Salle à manger.

Votre salle à manger doit être plutôt grande que petite, carrelée ou planchéiée, mais non pas mise en couleur et par conséquent point frottée, c'est une sujétion fort ennuyeuse ; d'ailleurs il faut pouvoir l'arroser dans les chaleurs, car une des jouissances de la campagne est de trouver la fraîcheur dans l'intérieur de la maison pendant les heures brûlantes du jour. Si vous m'en croyez, aucun de vos appartemens ne sera ciré, et vous en ferez laver le carreau ou le plancher une fois le jour tant que la chaleur sera suffisante pour le faire sécher ; on a pour cet effet des balais de laine en forme de goupillons, comme ceux d'Angleterre : cela maintient la fraîcheur et préserve de la poussière.

Des lambris de bois simple et solide, peints en gris, garniront les pourtours de presque tous vos appartemens : ceux de papier se déchirent, et les murs peints s'écaillent ; vous tapisserez à votre gré.

Si le renfoncement des embrasures de vos croisées est dans l'intérieur, vous l'utiliserez par des placards à deux battans fermant à clef; vous les ferez couvrir avec des tablettes de marbre, si vous le pouvez, sinon en bois de noyer. Ces placards sont très-commodes pour serrer de la vaisselle, des liqueurs, etc. Chaque croisée aura deux rideaux de gros calicot; une bordure d'indienne de couleur de trois à quatre pouces de large, fait un très-bon effet sur les rideaux blancs; elle les soutient et les empêche de paraître aussitôt sales. Au lieu de cheminée, vous ferez bien d'avoir un grand poêle à four; ce four a une très-grande utilité; on y fait de petites pâtisseries, des omelettes soufflées, des pommes cuites, etc., ce qui économise la peine et le charbon de la cuisine.

Un très-grand buffet sera placé en face, un ou deux petits dans l'entre-deux des croisées, le tout recouvert de marbre; plus, trois tables à manger, l'une de quatre couverts, l'autre de huit, et la troisième de douze. Celle qui sert habituellement pour le nombre de maîtres de la maison doit toujours être tendue au milieu de la salle et couverte d'une toile ou cuir ciré ;...... pour les déjeuners et collations on ne met point de nappe dessus ; les deux autres se rangent dans l'anti-chambre.

Si vous avez aussi la facilité de faire quelques placards dans le vide de vos murs vous en tirerez un grand parti ; rien ne devant traîner dans aucune chambre, il est nécessaire de multiplier les armoires partout où il y a emplacement. Enfin, douze chaises termineront l'ameublement de votre salle à manger.

### Office et cabinet attenant.

D'après la fortune pour laquelle je distri-bue votre habitation, l'office ne sera point un lieu destiné à faire manger les domestiques; cette pièce ne servira qu'à serrer la desserte de votre table, et particulièrement les desserts. Sous ce rapport elle devient indispensable pour maintenir l'ordre et la propreté dans la salle à manger, car à mesure qu'on enlève les plats de dessus votre table, on doit y porter ceux que vous ne jugez pas convena-bles de donner à la cuisine; par ce moyen, vous êtes sûre que les mets qu'on vous ressert n'ont point été touchés par les domestiques; pour cet objet, vous placerez au milieu une grande table sur laquelle tout puisse être déposé jusqu'à ce que vous alliez y donner votre coup d'œil.

La croisée de cette office doit avoir des persiennes et un rideau de toile, afin d'y ménager l'ombre et la fraîcheur nécessaires à la conservation de tout ce qu'elle est destinée à renfermer. Tout l'intérieur de la pièce doit être garni d'armoires fermant à clef, et de tablettes ouvertes; les premiers pour serrer les choses plus précieuses dont on ne se sert pas habituellement, telles que le surplus de l'argenterie ordinaire, les couteaux, la porcelaine etc., et les dernières pour y ranger la vaisselle dont on fait usage chaque jour.

Si cette pièce a une cheminée, vous en profiterez pour y établir une espèce de garde-manger (le meilleur que je connaisse). Voici comment il se pratique : on a un cadre juste de la grandeur et forme du conduit de la cheminée, on le garnit avec un canevas bien tendu et assez clair pour ne pas gêner le courant d'air, car c'est à lui seul qu'est

due la bonté de ce garde-manger. On l'assujettit à la hauteur de deux pieds environ au-
dessus du manteau ; il sert à garantir les
ordures que les oiseaux font tomber en
nichant.

A quelques pouces au-dessous du manteau on place un rayon , puis un second à
un pied plus bas. On ferme tout le devant
de la cheminée par un cadre garni aussi de
canevas, s'ouvrant à deux battans , et fermant par un verrou. Il faut surtout avoir
soin que ce cadre joigne exactement de partout , pour qu'aucune mouche ne puisse
s'introduire.

Vous devrez en outre avoir six ou huit
cloches de canevas ( la gaze se déchire trop
facilement), d'un diamètre convenable pour
couvrir les mets et les fruits que vous ser-
rerez dans l'office ; autrement les mouches
les salissent. Les carcasses de ces cloches
peuvent se faire en bois ou en gros fil de
fer. Je les préfère en fer-blanc piqué de trous,
pour y coudre le canevas ; elles ont plus
d'aplomb, ce qui est très-nécessaire pour
que les mouches ne passent pas par-dessous.

Vous ferez bien aussi d'avoir toujours

dans cette pièce un seau de fer-blanc ver-
nissé et plein d'eau, qu'on renouvellera une
ou deux fois le jour, pour y faire rincer les
verres et les carafes ; car moins l'on voyage
ces objets fragiles, moins il s'en casse. C'est
là encore que votre fontaine à filtre doit être
placée ; et je vous conseille, quelque belle
et saine que soit votre eau, d'en avoir toujours une. Il suffit qu'elle contienne une voie
de Paris (deux seaux), ne devant servir qu'à
emplir vos carafes.

Dans la distribution de votre rez-de-
chaussée j'ai parlé d'un cabinet attenant
l'office : on peut s'en passer ; mais, si votre
local le comporte, ce sera pour vous une
aisance de plus : vous y rangerez beaucoup
d'objets qui ne servent pas habituellement,
que pourtant il faut avoir, et qui embarras-
sent lorsqu'ils sont toujours sous la main.
C'est dans ce lieu que vous pourrez, pendant
l'été, déposer un petit poêle, que vous ferez
remettre l'hiver dans la cheminée de l'office, en place du garde-manger ; car, autant
il est urgent d'y maintenir la fraîcheur en
été, autant il est nécessaire d'empêcher la
gelée d'y pénétrer pendant l'hiver.

Si vous pouvez avoir une salle de bains,
tâchez qu'elle ait une sortie à l'extérieur,
afin que le vidage de la baignoire n'occasione aucun dérangement ni salissure dans
vos appartemens.

Salon de compagnie.

Cette pièce étant un lieu de représentation serait la seule dans laquelle on pourrait
admettre quelques meubles de pur ornement;
cependant, si vous m'en croyez, vous vous
en abstiendrez là comme ailleurs, pour toutes les raisons que je vous ai données au
commencement ; vous ne les multiplierez
pas non plus au delà du besoin : outre qu'ils
compliqueraient le service des domestiques,
cela me paraît d'un mauvais genre.

Je vous ai déjà parlé du carrelage et des
planchers, je n'y reviendrai plus. Il est
inutile aussi de fixer une couleur aux rideaux, elle tiendra à celle de votre meuble. Je vous engagerai, par exemple, à ne
faire celui-ci qu'en étoffe très-solide et point
salissante..... telle que le velours d'Utrecht,
et le bois en mérisier, même en noyer veiné,
d'une forme moderne, mais la plus simple

possible. A la campagne les rideaux blancs vont avec tout ( excepté la soie ) ; il suffit d'y mettre une bordure assortie : je vous conseille d'en supprimer les franges, qui sont des nids à poussière, et d'un blanchissage long et difficile.

Une cheminée en marbre, et bien garnie en fonte dans tout son intérieur, plutôt grande que petite, afin que tout le monde puisse jouir de l'aspect du feu et de sa chaleur ; car le bon feu est encore un des agrémens de la campagne, le bois y étant en général très-bon marché, et chacun le tirant souvent de sa propriété.

Sur cette cheminée, une glace bordée d'un cadre de noyer sera suffisante pour tout le salon. En face, si l'appartement le comporte, vous aurez une grande console dont le dessus sera en marbre gris, et les pieds en noyer ; et pour ne plus revenir sur cet article, je vous engage à faire faire tous vos meubles avec ce bois : outre qu'il est très-beau de son naturel, on le travaille merveilleusement actuellement ; il se plaque, et l'on raccorde ses veines comme celles de l'acajou. On peut leur donner la forme la plus moderne, et ils ont l'avantage de se nettoyer très-facilement. Le marbre gris, dit granit, s'accorde fort bien avec la couleur du noyer. On orne aussi le haut des colonnes avec des chapiteaux de bois noir, ce qui fait un très-bon effet. Je terminerai en disant que leur prix est d'un tiers moindre que celui des meubles d'acajou. Vous pourrez placer sur la console une pendule et deux grands vases très-simples, qu'il vous sera facile de tenir toujours pleins de fleurs, mais non pas odorantes, car elles nuisent infiniment à la santé.

Vous serez étonnée que je ne place pas la pendule sur la cheminée ; mais si vous voulez y faire attention, vous verrez que rien ne rend une chambre plus triste que de masquer l'aspect de la glace, dont le principal agrément est de repéter les objets qui lui font face...... Cette illusion agrandit et égaie la pièce. Des tables à jeu dans l'entre-deux des croisées ; une table ronde ou carrée dans le milieu, et recouverte d'un joli tapis vert, à fleurs vertes aussi, mais nuance différente ; et voilà je crois un fort joli salon de compagnie, surtout si les murs sont décorés de gravures et de cartes : celle de France, ainsi que son tableau statistique, le plan de votre maison, celui de votre jardin, sont des ornemens aussi utiles qu'agréables : ils doivent être encadrés proprement et uniformément. Si vous ne jugez pas à propos de garnir ainsi vos murs, vous devrez, au lieu d'un papier sombre et uni, y faire mettre une tenture représentant des paysages : on en fait de charmantes, et qui semblent destinées à des habitations champêtres. Enfin, tout doit indiquer votre position, et en porter pour ainsi dire l'uniforme.

J'ai omis de vous parler de l'éclairage, et je n'ai qu'un mot à vous dire sur cet article : c'est que l'usage des lampes, de quelque nature qu'elles soient, détruit en peu de temps la vue.

### Chambre à donner.

A la campagne il faut nécessairement avoir une ou deux chambres libres dont on puisse disposer pour loger un parent ou un ami qui vient vous visiter. Cette chambre doit être propre et commode sans sélegance : un très-bon lit, une commode, une table à écrire, quelques chaises, un bon fauteuil, une glace sur la cheminée, un petit placard dans le mur, et les meubles d'usage pour la toilette dans le cabinet, voilà à peu près en quoi consiste tout son ameublement. Quant aux petits détails, chacun connaît les objets que l'utilité nécessite ; il serait superflu de les désigner ici.

### Cuisine et charbonnier.

La cuisine doit être grande et spacieuse, parce que c'est le lieu de réunion des domestiques et des ouvriers, soit pour l'heure des repas, soit pour les veillées de l'hiver. Une très-longue table sera placée au milieu, et des deux côtés règnera un banc de même longueur ; elle aura aussi autant de tiroirs que vous aurez habituellement de domestiques et d'ouvriers, en sorte que chacun ait le sien pour y serrer son couvert, sa serviette, son verre et son pain ; par ce moyen tout se trouvera en ordre sans occasioner aucune perte de temps ni d'embarras aux domestiques de la maison. Le bout de la table destiné à la cuisinière sera indiqué par une séparation ; son tiroir sera plus grand que les autres, et aura des compartimens pour ranger ses couteaux et lardoires. Si vous voulez être bien servie, et maintenir l'ordre, ne négligez rien pour multiplier les facilités, car soyez assurée que toutes les fois qu'une chose sera pénible à faire, on la négligera tôt ou tard, et vous-même serez la première à y renoncer. Lors donc que vous sentirez la nécessité d'un service habituel, trouvez le moyen de le rendre aisé, et ne vous refusez pas pour cela à une petite dépense dont vous retirerez à la longue un bénéfice réel.

Le fourneau doit être complet, sans calculer sur votre petit ordinaire ; il suffit que vous puissiez en avoir besoin deux ou trois fois par an, pour que cela devienne nécessaire : car, isolée comme vous l'êtes, vous ne sauriez attendre des secours de l'extérieur, et vous devez trouver tout chez vous.

Si vous pouvez garnir ce fourneau de carreaux de faïence, c'est le seul moyen qu'il soit toujours propre. Sa meilleure place est sous la fenêtre, pour que la cuisinière ait un jour suffisant.

Ce n'est pas ici le lieu de faire usage des fourneaux et marmites économiques, puisque le bois est à si bon marché, et que d'ailleurs vous aurez plusieurs cuisines à faire faire, et à différentes heures de la journée, ce qui nécessite presque continuellement du feu dans l'âtre. Je ne vois pas non plus l'utilité d'une cuisinière de fer-blanc qui s'adapte au mur, etc. : un bon tourne-broche est tout ce qu'il vous faut. D'un côté du fourneau sera un large billot; de l'autre un cuvier de terre avec son couvercle, et de grandeur à tenir dix à douze boisseaux de cendres, que vous y ferez mettre en réserve pour les lessives. Vous veillerez à ce qu'elles soient très-propres, et à ce qu'on ne jette jamais dans le feu aucune ordure ou balayure, surtout des pelures de châtaignes; tous ces corps étrangers tachent le linge, et les cendres de la cuisine sont particulièrement destinées à faire la lessive. J'indique un cuvier en terre, parce que le bois est trop dangereux pour cet usage; on pourrait y mettre des cendres encore chaudes ou contenant quelques parcelles de feu, et à la campagne on ne saurait prendre trop de précautions contre l'incendie. A ce propos, je dois dire qu'il faut avoir sur la cheminée de la cuisine une grande lanterne tenue propre et en bon état, pour aller dans les lieux qui renferment des matières combustibles, ce qu'on ne doit faire la nuit qu'en cas de grande urgence.

L'évier doit être grand et commode, et (s'il y a possibilité) placé de manière que les eaux qui en sortent passent dans un couloir ou rigole qui les conduise dans la fosse à fumier ; sinon on les fera tomber dans un auge, pour les donner ensuite aux cochons.

A côté de cet évier sera un vaisselier pour faire égoutter les assiettes avant de les essuyer.

Près de la cheminée, à l'opposé du tourne-broche, il faut un petit four à pâtisserie. Immédiatement après vous ferez placer dans un cadre de maçonnerie un cuvier à lessive, de grandeur convenable à l'état de votre maison : car il est très-économique de la faire dans la cuisine, en ce que le même feu sert, et que la femme chargée de cet office peut en même temps s'occuper à laver la vaisselle, éplucher les légumes, etc.

Un très-grand placard fermant à clef, et dans lequel les rats n'entrent pas, est un meuble indispensable ; pour empêcher ces animaux destructeurs de s'y introduire, il n'y a qu'un moyen efficace, c'est de le garnir dans tout l'intérieur, de planches de chêne bien jointes.

Vous devez aussi faire placer dans tous les endroits vides des rayons ou tablettes, et des liteaux garnis de crochets, forts et solidement attachés, pour suspendre la batterie. Il faut que tout cela soit à une hauteur abordable, autrement on néglige d'essuyer.

Votre batterie doit être composée de tout ce qui peut faciliter l'exécution d'une bonne cuisine sans recherche. Ne vous embarrassez point de ces ustensiles inutiles et compliqués dont la forme et le nom bizarre indiquent combien peu on s'en sert. Des casseroles de toutes grandeurs avec leurs couvercles, deux daubières, deux poissonnières, deux marmites pour le pot au feu, deux chaudrons, deux poêles à confitures, une tourtière et son four de campagne, un poêlon à longue queue, un ou deux plafonds à tourtes.... le tout entretenu toujours bien étamé ; deux chaudières de fonte pour laver la vaisselle et faire cuire les légumes des volailles, des poêles, des passoires, etc., voilà de quoi faire les meilleurs dîners du monde.

Il sera nécessaire que vous ayez un état détaillé de votre batterie de cuisine, ainsi que de tout l'ameublement de votre maison, divisé par chambres.

On placera une fontaine dans le coin le plus frais de la cuisine en été, et on la rapprochera de la cheminée en hiver.

Outre les deux bancs dont j'ai parlé plus haut, il faudra encore huit ou dix grosses chaises.

La vaisselle des domestiques et ouvriers doit être distincte de la vôtre, et consister en assiettes des plus communes, à raison de deux par individu; un couvert de fer étamé, un verre, et une écuelle pour chacun; quelques plats bruns; deux marmites de fonte pour les soupes, et tout cela donné en compte à la femme de basse-cour, qui est en même temps laveuse de vaisselle, et qui sera chargée de le ranger proprement sur une tablette particulière.

Le charbonnier de la cuisine sera très-petit, et il suffira d'un renfoncement dans un coin quelconque, parce que devant faire votre provision de charbon pour toute l'année, il sera bon de l'avoir sous clef dans un lieu à part, et d'en donner tant par semaine. Il n'y a rien dont les cuisinières abusent davantage, que du charbon.... soit en le laissant consumer inutilement dans les fourneaux sans l'éteindre, soit en s'en servant pour allumer le feu; et si vous le laissiez à discrétion, votre consommation doublerait sans que cela vous eût ménagé une bûche ou fait manger un meilleur plat : or, c'est sur ces objets dissipés en pure perte pour tout le monde, qu'il faut principalement faire porter votre économie et votre surveillance.

### Garde-manger.

Un bon garde-manger est une chose essentielle, car je ne connais rien de plus répugnant que de la viande éventée, ou sur laquelle les mouches ont déposé leurs œufs : c'est pourtant ce à quoi l'on est exposé à la campagne pendant quatre mois de l'année, si l'on n'a su se pratiquer un bon garde-manger où la viande se conserve intacte

deux

» deux ou trois jours.... on ne peut espérer
» davantage. Pour cela, il faut qu'il soit obscur,
» que l'air y circule, que la lucarne soit au
» nord, et fermée par un canevas clair en été. Il
» doit y avoir, accrochée au milieu de la voûte
» ou plafond, une espèce de cage de trois
» pieds carrés, et garnie sur tous les côtés et
» le dessus, de gros canevas joignant parfai-
» tement de partout. Un des côtés est à char-
» nières et sert de porte; dans l'intérieur un
» cercle mis au centre et garni de crochets
» sert à pendre la viande. On ne doit jamais
» laisser cette cage ouverte, même quand elle
» est vide, parce que les mouches iraient se
» tapir dans les coins.

La chambre de la cuisinière doit, s'il est
possible, communiquer avec la cuisine, afin
qu'elle ne perde jamais celle-ci de vue, et
qu'elle n'ait aucun prétexte pour s'en ab-
senter. Un lit composé d'une paillasse, deux
matelas, deux couvertures et un traversin ;
une petite commode et une chaise, sont les
seuls meubles à y mettre.

Avant de monter au premier étage, il me
semble qu'il serait convenable de traiter le
petit article de la vaisselle, puisque c'est à

l'office qu'on doit la serrer. Je dirai peu de chose sur cet objet qu'il n'importe pas de fixer positivement ; ce ne seront donc que des conseils généraux que je vous donnerai : par exemple, je vous engagerai à ne point en multiplier le nombre au delà du besoin courant, ce qui ne servirait qu'à encombrer des armoires précieuses et dont on n'a jamais assez pour tenir tout rangé et dans l'ordre. Ainsi, vous n'aurez que la quantité d'assiettes suffisante pour le service du nombre de personnes qui mangent à votre table, et en raison de l'ordinaire que vous établirez ; mais cette quantité doit être plutôt ample que juste. Ces assiettes, pour l'usage journalier, seront toutes pareilles et de la forme la plus accoutumée, afin de pouvoir les rassortir facilement ; car leur nombre devra toujours être entretenu complet. La faïence fine et unie joint la propreté à la simplicité ; la terre de pipe noircit et se raye. Outre ces assiettes communes, il vous faudra un service de réserve pour les jours de cérémonie : la porcelaine blanche et unie n'est pas très-chère ; dans les manufactures on en trouve qu'on nomme *de rebut*, dont les défauts sont peu marquans, et qu'on y donne à très-bas prix. En tout, je vous invite à n'avoir que des choses extrêmement simples, d'une forme commode, solides, et faciles à nettoyer. Le luxe et la recherche doivent être entièrement bannis de la campagne.... Les personnes qui y portent ce goût frivole (pour ne pas dire ridicule) sont dans un perpétuel esclavage, à moins qu'elles n'aient une très-grande fortune; et lorsqu'on a eu le bon esprit de se débarrasser de cette petite faiblesse, on éprouve une aise, une liberté, qui rendent tout-à-fait heureux. Il est une vérité qu'on ne sent pas assez : c'est qu'en tout, le bonheur est attaché à la médiocrité; je demande grâce pour les conséquences qu'on pourrait tirer de cette phrase, et je prie qu'on n'entende que ce que j'ai voulu dire.

Cette digression m'amène à réclamer encore une fois l'indulgence pour mon style, quoique j'aie dit au commencement que je n'en parlerais plus; mais je m'aperçois que les choses que je traite m'entraînent dans des répétitions de mots que je ne saurais

sacrifier qu'aux dépens de la clarté; il est
donc de l'intérêt de ceux qui veulent bien
me lire de m'accorder là-dessus toute li-
cence, et pourvu que je réussisse à donner des conseils utiles j'aurai rempli ma
tâche.

. Les seules choses, en fait d'objets fragiles, dont vous devez vous approvisionner
au delà du besoin, sont des terrines pour
le lait, des pots de différentes grandeurs,
rangés par ordre de taille, pour remplacer
ce qu'une maladresse peut faire briser et
dont on ne saurait se passer, même mo-
mentanément, pour le service. En général,
tous les ustensiles et outils de première nécessité, et susceptibles de se casser souvent,
doivent être doubles dans votre ménage, à
cause de l'impossibilité où vous seriez de
vous les procurer de suite. Votre prévoyance là-dessus doit être extrême, et
s'étendre sur tous les points.

Enfin, vous devez vous arranger de manière à ne jamais trouver d'inconvéniens
à vivre loin de la ville, et à en ressentir
au contraire tous les avantages.

Premier étage.

Quittons le rez-de-chaussée pour passer à la distribution du premier, et ensuite à son ameublement.

Dans une habitation de campagne, il règne ordinairement un corridor tout du long du premier étage, et cette distribution est fort commode, en ce que chaque chambre étant séparée, on n'est pas obligé de passer de l'une dans l'autre pour parvenir à celle dans laquelle on a affaire.

Supposant donc ce cas, vous choisirez pour votre chambre à coucher la dernière du fond, parce que c'est la seule dans laquelle vous puissiez avoir vue sur la cour et sur le jardin à toute heure sans sortir ; chose indispensable à la maîtresse de la maison, qui doit avoir l'œil à tout. Il suffira, pour vous procurer cette facilité, de terminer le corridor à l'avant-dernière croisée, et d'enclaver l'autre dans un cabinet donnant dans votre appartement ; en sorte que vous aurez sous la même clef chambre à coucher, cabinet de toilette et autre cabinet, dont vous pourrez faire votre bibliothéque, à moins que vous ne préfériez la mettre dans celui de l'autre chambre à coucher qui joindra la vôtre.

La chambre plus loin servira de lingerie : je la place en haut pour que le linge s'y conserve plus sec.

Celle d'ensuite sera une chambre de décharge, destinée à tenir sous clef toutes les provisions, petits meubles et ustensiles qui ne sont pas d'un usage habituel; cette chambre est de la plus grande utilité, vous ne sauriez vous en dispenser.

Enfin, à l'entrée du corridor sera le fruitier, à moins que vous ne puissiez le placer sur le palier qui se trouve à moitié de l'escalier; mais toujours dans un endroit sec et où il ne gèle pas; ce sera à vous de choisir le lieu le plus convenable de votre maison pour obtenir cette condition.

Si vous avez assez de logement pour destiner une chambre à faire une salle de billard, cela contribuera à l'agrément de ceux qui viendront vous visiter, et cette considération devra entrer pour beaucoup dans vos arrangemens, afin qu'on ne s'ennuie pas chez vous et que les étrangers participent au bien-être que vous y trouvez vous-même. Votre habitation doit offrir l'image du bonheur et faire cette impression sur tous ceux qui y passent quelques heures, de manière à ce qu'on ne puisse la quitter sans regret.

Le corridor doit être du côté du jardin, et les appartemens du côté de la cour, c'est-à-dire au nord-est, comme je l'ai déjà expliqué en orientant la maison; il faut que je vous en donne les raisons. D'abord les appartemens exposés au midi sont sujets aux punaises, animaux détestables qu'on connaît à peine à Paris, mais qui infestent les habitations champêtres, lorsqu'on ne prend pas toutes les précautions contre ce fléau; ils sont aussi plus humides que les autres. Le soleil décolore les papiers et les rideaux, quelque soin qu'on prenne de les en préserver en fermant; il fait fendre les meubles pleins, détacher les placages et décoller les tentures; enfin, rien n'est plus insupportable pendant les grandes chaleurs de l'été que ses rayons brûlans pénétrant dans tous les recoins.... et si vous fermez les volets ou les jalousies pour vous y soustraire, votre appartement devient une fournaise obscure. Eh ! quelle triste chose de ne pouvoir respirer l'air et voir le ciel !... Au contraire, si vous êtes placée au levant, quel plaisir n'éprouvez-vous pas à contempler le soleil à son aurore, et à lui rendre un premier hommage en vous éveillant ! Autant ses rayons sont cuisans et importuns à midi, autant ils sont doux et agréables le matin ! Ils vous avertissent aussi que l'heure du travail est arrivée, que tous vos gens partent à leur besogne, et que vous devez de temps à autre vous assurer de leur exactitude.

### Chambre à coucher.

Comme je pense que votre salon ne servira qu'aux jours de réception, et que vous habiterez ordinairement votre chambre à coucher, vous devez y réunir tous les objets d'une utilité journalière ; tout doit y être placé commodément, en sorte que vous ne vous trouviez bien que là, et que l'idée d'un changement quelconque dans votre manière d'être soit pour vous une idée pénible.

J'ai déjà dit que je vous engageais à faire faire tous vos meubles en noyer ; je ne parlerai donc ici que de leur forme. Il me semble qu'un lit paraît toujours mieux fait et plus soigné dans une couchette à bateau et à dossiers renversés; les roulettes doivent être à équerre, solides et bien roulantes; il est nécessaire aussi que le carrelage du dessous du lit soit extrêmement uni et bien joint, qu'il n'ait de pente d'aucun côté; autrement on a beaucoup de peine à déranger la couchette, et cela finit par casser les roulettes. La couleur des rideaux tiendra à votre goût et sera assortie au papier; mais je crois qu'une toile peinte est préférable au blanc uni qui jaunit facilement et ne conserve sa fraîcheur que pendant un mois au plus.

Il vous faut un secrétaire, une très-grande commode sur laquelle vous placerez une pendule; une table de trois pieds sur un sens et vingt pouces sur l'autre en forme de bureau ayant un tiroir pour serrer l'encrier, les plumes, le papier, et tout ce qui est nécessaire pour écrire; les pieds seront à roulettes pour faciliter le changement de place de ce meuble; il faudrait aussi qu'il y eût en dessous, à un pied d'élévation du sol, une tablette à rebords un peu hauts, et cintrée sur le devant afin qu'elle ne gênât pas les jambes ; cette tablette vous servirait à poser un dictionnaire, quelques papiers, même votre ouvrage. Une petite table ronde serait très-bien au milieu de la chambre, soit pour déjeuner ou pour prendre du thé le soir.

La cheminée ne doit pas être aussi grande que celle du salon, mais avoir la tablette très-large et tout au plus à trois pieds trois pouces au-dessus de terre, ce qui la rend commode pour poser une infinité de choses d'un usage continuel pour une femme. La glace qui sera dessus doit porter directement sur la tablette sans être offusquée par une baguette.

A côté de la cheminée et de la place que vous affecterez, vous ferez fixer à demeure un petit meuble que je vais tâcher de vous décrire le mieux possible. Sa largeur sera celle de l'emplacement qui se trouve entre la cheminée et la porte de votre cabinet, si celle-ci est à une distance convenable, sinon vous lui donnerez vingt-un pouces ou deux pieds ; son épaisseur et sa hauteur seront celles du chambranle, c'est-à-dire qu'elles se trouveront partout de niveau avec la cheminée. Il doit être garni dans sa hauteur de six ou sept tiroirs s'ouvrant avec la même clef : celui qui se trouvera le plus à votre main sera employé à contenir toutes les clefs de votre maison et des armoires ; deux autres seront divisés en petits compartimens pour ranger des pelotons de fil de toute grosseur, par ordre de numéro, de façon à ce que vous trouviez de suite celui dont vous aurez besoin ; les quatre autres serviront à serrer votre ouvrage, dé, aiguilles, etc. Au-dessus de ce meuble sera un petit corps de bibliothèque de mêmes largeur et dimension, ayant seulement trois rayons destinés à placer les livres que vous consultez le plus habituellement ; vous ne sauriez vous figurer la commodité d'un tel meuble.

Il faudra qne vous ayez aussi quelques armoires dans l'épaisseur du mur pour ranger votre garde-robe et votre linge de corps, et il ne vous manquera plus que des siéges pour que votre chambre à coucher soit très-*comfortable.*

Sans vouloir contrarier votre goût ou vos habitudes, je vous conseillerai de n'avoir

que des chaises et des fauteuils en paille ;
je crois leur usage plus sain que celui de la
plume et même du crin ; cependant on peut
avoir une bergère en cas d'indisposition.... 
Je ne fais point mention de chaise longue
ni de canapé ; tout ce qui favorise la non-
chalance doit être proscrit de votre appartement.

Le premier cabinet sera celui de votre
toilette ; vous y ferez ranger tous les objets
qui ne doivent point rester le jour dans
votre chambre ; cependant il faut que dans
ce lieu même, certains de ces objets soient
soustraits à la vue, et que l'extérieur des
autres n'ait rien que de convenable. Un
placard dans l'épaisseur du mur est ce qu'il
y a de mieux pour cacher les premiers. Une
armoire à porte-manteau est encore nécessaire pour suspendre des robes ; il en faut
une aussi pour les chapeaux, car les cartons
sont embarrassans ; on espace les deux plus
hautes tablettes de celle-ci, en sorte qu'il y
ait assez d'élévation pour faire entrer les
champignons surmontés des chapeaux ; la
tablette inférieure beaucoup plus rapprochée
reçoit les souliers ; et si le bas de l'armoire

s'ouvre séparément, il remplacera très-bien
le placard ci-dessus.

Une petite fontaine de tôle vernissée,
avec sa cuvette et pouvant tenir deux décalitres, est beaucoup plus commode qu'une
cruche, de quelque forme qu'elle soit.

Ajoutez à cela une petite toilette et une
chaise; voilà tout l'ameublement que comporte cette pièce.

J'ai dit que vous pourriez faire votre bibliothèque du second cabinet donnant sur
le jardin, si vous étiez seule; dans le cas
contraire, elle sera plus convenablement
dans celui de votre mari; mais de toute
façon, il faudra y faire établir des corps de
bibliothèque de dimension analogue à la
quantité de livres que vous avez; néanmoins il sera bon d'en avoir un de va-
cant pour placer les nouvelles acquisitions
que vous ferez; car vous devrez vous procurer tous les bons ouvrages qu'on pu-
bliera sur les choses relatives et utiles à
ceux qui vivent à la campagne, telles que
l'agriculture, la botanique, l'histoire naturelle, le jardinage, l'économie domestique, etc.

Je ne me permettrai pas de vous donner
la liste des livres qui doivent composer
votre collection entière, ce serait hors de
mon sujet et de mes attributions; mais je
vous indiquerai, lorsqu'il en sera temps,
ceux qui vous sont indispensables pour
acquérir les connaissances nécessaires au
genre de profession auquel vous allez vous
livrer.

Vous aurez aussi, au milieu de ce càbi-
net, une table sur laquelle vous puissiez
poser les livres que vous consulterez mo-
mentanément. Cette table devra avoir un
tiroir, contenant un encrier, des plumes
et du papier, en cas que vous ayez quelques notes à prendr

Un petit marche-pied est encore indispensable, pour atteindre les rayons trop
élevés.

Seconde chambre à coucher.

Que cette pièce soit destinée à votre
mari, votre fille, ou une amie; car je ne
puis deviner les circonstances de votre position, il faut toujours qu'elle soit meublée

d'un bon et joli lit, d'une commode à dessus de marbre, et d'une petite pendule, d'un secrétaire ou table à bureau, d'une glace sur la cheminée, de deux fauteuils, deux chaises et une *bergère*; car si vous vous refusez certaines commodités qui nourrissent la paresse, vous devez vous prêter aux goûts et aux habitudes des autres, et leur faciliter l'usage de tout ce qui peut leur être agréable.

Le cabinet sera garni des meubles et ustensiles nécessaires à la toilette, ainsi que d'une petite armoire et d'un porte-manteau.

### Lingerie.

Votre lingerie ne doit pas être, comme dans certains grands établissemens, destinée à étendre le linge; il lui faudrait trop d'étendue, et votre local ne le permet pas; elle servira de lieu pour le recevoir lorsqu'il sera sec, le plier, et repasser celui qui doit l'être; elle contiendra aussi toutes les armoires qui renfermeront votre linge de service, tel que celui de cuisine, les draps, serviettes et nappes, etc. Une chose

très-essentielle, est que les rats ne puissent
y entrer, et pour cela il faut que le fond,
le dessous et le dessus soient en bois de
chêne parfaitement joint : les battans peuvent être, ainsi que les tablettes, en peuplier ou en sapin, ce qui les rend moins
coûteux. Ces battans seront maintenus en
dehors du haut et du bas, par des espèces
de tourniquets qui empêchent le bois de
se déjeter et la poussière de s'introduire.

Vous ferez construire au milieu de cette
pièce une forte table de l'épaisseur d'un
établi de menuisier et ayant des pieds aussi
solides, afin qu'elle ne vacille point pendant
le repassage ; sa largeur sera de deux pieds
et demi, et sa longueur proportionnée à
celle de la chambre, de manière à ce qu'on
puisse circuler aisément autour ; les pieds
d'un des bouts ne seront point placés à l'ex-
trémité, et laisseront libre une longueur
de trois pieds, pour y enfiler les jupons et
robes non-ouvertes et en faciliter le repassage ; on les fait tourner à mesure qu'un lé
est repassé, en sorte qu'ils ne prennent aucun pli ni froissure.

Il faut avoir soin de placer cette table

de manière que le jour vienne de gauche à droite de la repasseuse.

On a ensuite une grosse et grande couverture de laine qu'on plie en quatre, et qui sert de ce qu'on appelle *matelas de repassage*; il s'étend sur toute la table; on le recouvre d'une forte toile neuve, autour de laquelle sont des rubans attachés à la distance d'un pied l'un de l'autre, et qu'on noue en les serrant par dessous la table, pour que la surface soit tendue et bien unie.

Je dis que la toile doit être forte et neuve; et comme ce n'est pas l'usage ordinaire, il faut que j'en explique la raison : c'est parce que la trame de cette toile imprime au linge humide et chauffé par le fer une fermeté et une apparence de neuf beaucoup plus agréable que le lissé brillant qu'il reçoit sur une toile molle et fine, et qui lui donne un air de vieillesse. Au reste, après en avoir fait l'essai, vous adopterez ce qui vous paraîtra le mieux.

Au bout de la table à repasser, il convient d'en placer une autre petite sur laquelle il y aura deux ou trois larges briques pour poser les fers chauds. Il en faut en-

core une troisième pour déposer le linge
sec et plier les pièces qu'on n'a pas coutume
de repasser.

Deux cordes de crin bien tendues et attachées solidement à des crampons fixés dans
le mur à cet effet , doivent traverser la
pièce dans l'endroit où elles ne peuvent
gêner : elles servent à étendre momentané-
ment les objets qui ne se trouvent pas encore au degré de sécheresse convenable
pour le repassage.

Je ne vous conseille pas d'avoir un poële
dans cette chambre, parce qu'il s'en échappe
toujours quelque fumée qui pénètre dans
les armoires, mais une petite cheminée,
sous laquelle on placera le fourneau à chauf-
fer les fers, afin que la vapeur du charbon
n'incommode pas la repasseuse. Ce fourneau
doit être de grandeur à tenir cinq fers à la
fois... La forme en est connue. Je vous engage à ne faire usage que de fers ordinai-
res, tous les autres sont lourds et incom-
modes; ils doivent être polis et entretenus
exempts de rouille, c'est une chose à laquelle vous devez veiller; lorsqu'ils ne glis-
sent pas suffisamment, on passe légèrement

dessus un morceau de cire blanche en les sortant du feu, et on les essuie fortement. On fixe au-dessus du manteau de la cheminée, un liteau garni de crochets auxquels on les suspend dès que le repassage est fini.

Un marche-pied est nécessaire dans cette chambre pour atteindre les plus hautes tablettes des armoires.

### Chambre de décharge.

Cette pièce ne doit servir qu'à réunir, pour les garder sous clef, tous les objets de provision et les ustensiles dont l'usage n'est pas fréquent, et qui embarrasseraient ou se perdraient s'ils étaient épars dans la maison ; elle n'a besoin d'aucun ameublement, si ce n'est d'armoires et de rayons placés à plusieurs rangs dans tout le pourtour ; une table à demeure dans le milieu pourra encore vous être utile à déposer beaucoup de petites choses.

Les rayons seront garnis sur leurs bords de bons clous à crochet espacés convenablement, pour y suspendre les objets qui en sont susceptibles.

C'est dans cette pièce que vous tiendrez en réserve la plupart des approvisionnemens, les ustensiles doubles, pour remplacer ceux qui se cassent par accident; les légumes secs et épluchés, tels que pois, haricots, lentilles; les graines potagères qu'on suspend dans des gourdes ou des sacs; le menu grain des volailles pour huit ou quinze jours. C'est aussi dans cette chambre que vous placerez l'armoire de pharmacie que je vous conseille d'avoir; elle devient de la plus grande ressource, lorsqu'on n'est pas à proximité de se procurer certains remèdes dont l'application immédiate préserve souvent d'accidens graves : c'est à la campagne surtout, qu'on sent le besoin et qu'on a la possibilité d'être utile à la classe pauvre et malheureuse.... Et n'est-ce pas principalement aux femmes qu'il appartient de soulager les êtres souffrans?.... La nature, en leur donnant un cœur plus tendre et plus compatissant que celui de l'homme, semble les destiner spécialement à cette honorable fonction.

Je donnerai plus loin le détail des différens médicamens qu'on peut administrer

sans danger, et qui doivent composer cette
petite pharmacie.

Au milieu de cette confusion apparente
et de cette diversité d'objets accumulés dans
ce lieu, il doit encore régner un air d'ordre
et de propreté ; chaque chose doit y avoir sa
place fixe, afin de la trouver de suite et de
ne pas perdre de temps à sa recherche. C'est
là que vous devez, plus qu'ailleurs, vous
occuper de la destruction des rats et des
souris; les piéges devront y être multipliés,
et il faudra les visiter chaque jour. Les meilleures souricières sont celles à ressort, et
qui ont deux, trois ou quatre trous.

Il sera bon aussi de faire placer aux soli-
ves du plancher supérieur une certaine
quantité de forts crochets ( solidement attachés crainte des accidens ), afin d'utiliser
cette chambre autant que possible; on a un
crochet emmanché d'un long bâton dont on
se sert pour accrocher et décrocher les objets, surtout ceux qui sont les plus susceptibles d'être attaqués par les rats.

### Fruitier, et soins du fruit.

Vous pouvez placer votre fruitier soit au premier, soit sur le palier, ou dans les mansardes; pourvu qu'il soit sec et à l'abri de toute gelée, cela suffit. Voici de quelle manière il doit être arrangé dans l'intérieur : la croisée petite et à doubles volets, c'est-à-dire, un dehors et l'autre en dedans; la porte double aussi, l'une ouvrant de droite et l'autre de gauche, si c'est possible, afin d'empêcher l'air de s'y introduire, car il est le principal agent de l'altération et de la pouriture des fruits : aussi ne devrez-vous jamais ouvrir la croisée quand une fois votre récolte sera rangée; il faut aussi y entrer le moins souvent possible, vous éclairer alors d'une lanterne, refermer les portes sur vous, et ôter soigneusement les fruits gâtés ou attaqués, à mesure que vous en apercevez.

Tout l'intérieur de la pièce doit être tapissé de tablettes de dix-huit pouces de large, espacées l'une de l'autre d'un pied, et garnies d'un rebord d'un pouce, pour empêcher les fruits de rouler. Quelques-

unes doivent être divisées en petits compartimens de grandeur à tenir une poire ou
une pomme. Ces cases reçoivent les fruits
d'élite ; on les enveloppe même de papier
souple pour prolonger leur durée.

Il faut en outre assujettir des perches en
travers de la chambre pour y suspendre le
raisin. Les cordes ne valent rien en ce qu'elles se détendent par le poids, ce qui fait
glisser les grappes vers le milieu.

Un petit marche-pied vous sera nécessaire
là comme partout où il y a des tablettes au-
dessus de cinq pieds. Quelques personnes
font usage de planches percées, telles que
celles qu'on emploie pour les bouteilles vides : je n'ai pas trouvé que ce procédé con-
servât mieux les fruits que les planches
pleines. J'ai essayé de tous les moyens indiqués pour prolonger leur conservation,
aucun ne m'a paru très-efficace. Voici celui
qui m'a le mieux réussi une année où le
froid était excessif ; il est peu dispendieux,
et de facile exécution.

On a de grands paniers de la hauteur et
largeur d'un poinçon (celui-ci ne produit
pas le même résultat, et le fruit s'y moisit);

on met dans le fond un lit de paille bien
sèche ; on range dessus un lit de pommes ou
de poires, sans qu'elles se touchent ; on recouvre de paille, et l'on continue successi-
vement un lit de fruits, un lit de paille, jusqu'à ce que le panier soit plein ; si les fruits
étaient précieux, on joindrait la double
précaution de les envelopper chacun séparément d'un papier. Il faut avoir soin de
mettre les espèces les plus tardives dans le
fond, ainsi que les fruits les plus sains. J'en
ai conservé de cette manière jusqu'à la Saint-
Jean ; elle a aussi l'avantage de tenir fort
peu de place.

On peut envelopper des poires dans du
papier, et les suspendre par la queue avec
un fil à de petits clous qu'on attache sur le
devant des tablettes ; ou bien, après les
avoir enveloppées, les mettre dans des bo-
caux qu'on bouche le mieux possible ; mais
ces moyens ne sont praticables que pour
quelques beaux fruits qu'on destine aux
desserts de parade.

Les pommes gèlent et dégèlent sans que
cela altère leur qualité ; mais il faut avoir
l'attention de ne les point toucher pendant

tout le temps qu'elles sont dans cet état, et de ne point hâter leur dégel, soit en donnant de l'air, ou autrement.

Les rats font un grand dégât dans les fruiteries; il faut donc y tendre des piéges. Si le bois ouvré n'était pas trop cher dans votre canton, je vous conseillerais de faire tapisser, avant le placement des tablettes, tous les murs de votre fruitier avec des planches de chêne bien jointes; c'est le seul expédient contre lequel ces animaux destructeurs ne puissent rien. Cette tapisserie a d'ailleurs l'avantage de tenir le lieu sec et chaud.

Je n'ai pas parlé du raisin d'une manière particulière; c'est de tous les fruits le plus difficile à conserver; il y a même des années où cela est impossible, et c'est lorsque la fin de l'été a été pluvieuse. Il vaut mieux n'en serrer qu'une petite quantité et le bien soigner, que d'en faire des provisions qui pourissent à la fois, et vicient l'air du fruitier. On doit le cueillir à midi, par un temps sec, et choisir les grappes les moins serrées, en ôter avec des ciseaux tous les grains pouris, les suspendre par un fil, deux par deux, sens dessus dessous, et avoir soin qu'elles ne se touchent nullement. On peut les mettre dans des sacs de crin ou de papier, mais il ne faut les en sortir qu'au moment de les servir, car le contact de l'air les fait gâter en peu d'heures.

### Les mansardes.

Elles se composeront des chambres de domestiques, savoir : une à deux lits pour la fille de chambre et la femme de basse-cour ; une à trois lits, pour le jardinier et deux ouvriers, à moins que votre local ne soit assez grand pour les loger dans le bas ; une pour faire sécher les grains ; un grenier et un pigeonnier ( si vous n'avez que des pigeons de volière, comme je vous le conseillerai ).

L'ameublement de vos chambres de domestiques est simple : un châlit de chêne, une paillasse, deux matelas, un traversin, deux couvertures, une petite commode et une chaise ; le tout par chaque personne.

La chambre des graines doit être traversée en plusieurs endroits par des perches scellées dans le mur. Le grenier n'ayant

d'autre destination que celle de servir à
étendre le linge en hiver, lorsque le temps
ne permet pas de le faire dehors, vous y
ferez tendre des cordes de crin ( celles de
chanvre tachent le linge et se pourissent )
qui le traverseront de part en part tous les
quatre pieds.

Pigeonnier.

En parlant de l'arrangement du pigeonnier, je traiterai de la manière de soigner
les pigeons; ces deux articles se tiennent
tellement, qu'on ne saurait les séparer sans
nécessiter des répétitions qui allongeraient
mon ouvrage, dont une des conditions ex-
presses est la concision.

La fenêtre doit être placée au midi, et le
vitrage en être grillé; on met en dehors au
bas de cette fenêtre, une petite avance en
bois pour que les pigeons puissent s'y reposer en s'abattant et entrer plus facilement.
Il faut que les murs et le plafond soient bien
crépis et exempts de trous ou de crevasses,
afin que les rats et les fouines ne s'y intro-
duisent pas; car celles-ci surtout y feraient
un dégât incroyable : c'est pour cette raison
qu'on doit fermer la fenêtre le soir de bonne

heure, c'est-à-dire aussitôt que le dernier
pigeon est rentré.

Il faut séparer les nids, en sorte que chaque couple ne soit point tourmenté par son
voisin. Si les nids sont faits dans l'épaisseur
du mur, ils se trouvent séparés naturellement, mais dans un autre cas voici comment
on les construit : on scelle dans le mur, à la
distance de six pieds l'un de l'autre, des
bouts de membrure qui ressortent de quinze
pouces; on place dessus deux perches équar-
ries sur deux pouces d'épaisseur en tout
sens, l'une à trois pouces du mur, l'autre
à neuf pouces de la première; on les assujettit
ainsi à demeure et solidement; c'est sur ces
deux perches qu'on range des nids d'osier
à une distance de deux pieds au moins les
uns des autres; on les recouvre chacun séparément d'une espèce de couvercle d'un
pied d'élévation et n'ayant d'ouverture que
sur le devant. Ces couvercles sont peu dispendieux, on les fait faire chez soi avec des
débris de caisses ou de vieilles planches lé-
gères dont on ne manque guère à la campagne. Par ce moyen chaque couple vit tran-
quille et amène sa couvée à bien, ce qui

arrive rarement quand il n'existe aucune séparation entre eux ; car cet oiseau, symbole de la douceur et de la fidélité, n'est rien moins que doux et fidèle : j'en ai vu tuer à coups de bec, répétés avec une persévérance féroce, les petits de leurs voisins, par une jalousie dont je n'ai jamais pu me rendre compte. C'est pour remédier à cet inconvénient, qui rendait nul le produit de mon pigeonnier, que j'ai imaginé ces couvercles ; depuis ce temps les petits s'élèvent très-bien deux par deux, et le produit surpasse celui sur lequel on statue ordinairement.

Le nombre des nids se calcule sur deux par paire de pigeons ; c'est donc vingt-quatre pour douze, quantité bien suffisante, parce que cette espèce, dite de *volière* ou *patus*, est extrêmement productive. Bien nourris et soignés, vous pouvez compter sur neuf couvées amenées à bien par chaque paire... Mais ils exigent les plus grands soins. Au reste, persuadez-vous que sans soin, sans surveillance, vous ne réussirez en aucune chose, quelque peu importante qu'elle paraisse en elle-même.

Vous ne ferez point placer deux rangs de
nids les uns sur les autres, parce que les
ordures du rang supérieur incommoderaient
ceux du dessous, et que ces animaux ainsi
que tous les autres aiment la propreté; elle
leur est même nécessaire : pour l'entretenir
vous ferez balayer, nettoyer les perches et
le dessus des couvercles, une fois la semaine,
mais avec la plus grande précaution et douceur; on doit s'abstenir de toucher et d'ap-
procher des nids où il n'y a encore que des
œufs. Il faut aussi répandre un peu de paille
tout autour de la chambre, autant pour préserver les jeunes pigeons sortis du nid, de
prendre la goutte (ce qui leur arrive quand
ils demeurent sur le carreau nu), que pour
les empêcher de se blesser s'ils tombent par
accident... Dans ce dernier cas, on les relève
et on les remet dans leur nid.

On place dans le milieu de leur chambre
un baquet plat, de trois pouces seulement
de profondeur et qu'on tient toujours plein
d'eau propre, afin qu'ils puissent s'y baigner
et boire sans que les petits risquent de se
noyer.

La nourriture doit être donnée deux fois

le jour, le matin et à deux heures ; on la jette sur un endroit propre du carreau. Une mangeoire n'est pas aussi commode pour eux ; il y en a de timides qui pâtissent s'il faut disputer la place. Une assiette creuse commune, connue vulgairement sous le nom d'assiette à soupe, suffit pleine de grain pour chaque repas.

On met aussi dans le pigeonnier des pains salés qui aiguisent l'appétit des pigeons, et dont voici la recette : Prenez vesce, deux livres ; graine de cumin, un quarteron ; sel gris, une demi-livre. Mettez dans un vase un demi-litre de terre franche tamisée ; mêlez-y vos ingrédiens, et versez de l'eau suffisante quantité pour faire une pâte bien liée et assez consistante pour conserver la forme de cône que vous lui donnerez. Faites sécher ce pain au soleil, et lorsqu'il aura acquis la dureté d'une pierre, placez-le dans le pigeonnier.

La vesce, le sarrasin, les pois, les criblures de blé, sont les grains qu'ils préfèrent ; mais si vous voulez qu'ils produisent beaucoup et qu'ils soient bien gras, vous leur donnerez tantôt de l'un, tantôt de l'autre, à des intervalles de huit jours ; quelquefois vous les mêlerez tous. Quand on les tient trop long-temps à la même nourriture, ils s'en dégoûtent et mangent moins.

Si vous vous apercevez qu'ils soient ras-sasiés et laissent du grain, retranchez-leur un repas jusqu'à ce que l'appétit leur re-vienne.

Tous ces petits détails sont nécessaires pour en tirer tout le profit dont ils sont susceptibles, et ce profit est grand.

Dans la proportion que je viens d'indiquer, deux doubles décalitres par mois suffisent; en les évaluant l'un portant l'autre à 2 fr., ce qui est très-cher, vous pouvez pour 48 fr. par an manger quatre pigeons par semaine, gros comme des poulets et d'un goût exquis.

Ces oiseaux produisant beaucoup, sont nécessairement bientôt épuisés; il faut donc surveiller avec attention chaque couvée, et dès que vous voyez que de deux œufs il y en a un de clair, vous devez supprimer le couple et en laisser venir un jeune à la place; celui-ci doit être choisi provenant d'un père et d'une mère sans défauts : les meilleurs individus de cette espèce ont le cou court

et gros, les jambes bien garnies de plumes
et courtes, tout le corps large et bien nourri,
les huppés ou capuchonnés sont inférieurs
sous tous les rapports. Il arrive quelquefois
que le jeune couple n'est pas assorti, et qu'il
y a deux mâles ou deux femelles; alors il
faut le supprimer encore sans chercher à
rappareiller, ce qui serait long et mettrait
le désordre dans la communauté.

Quand vous voulez détruire une paire de
vieux, il faut attendre qu'elle ait des œufs ;
alors vous prenez celui qui se trouve sur le
nid ; l'autre revient bientôt après le remplacer ; et de cette manière vous n'effarouchez
pas le pigeonnier, ce qui est essentiel.

Je vous ai engagé à préférer cette espèce
aux pigeons fuyards et bisets, quoiqu'il ne
faille pas plus de grain pour cinq cents de
ceux-ci que pour vingt-quatre des premiers :
mais, outre qu'il me semble peu convenable
que le riche vive aux dépens du pauvre,
comme dans les temps de féodalité, je trouve
qu'il y a bien plus d'avantage à manger
pour 48 francs d'excellens pigeons dans
toutes les saisons, que d'en manger pour le
même prix, et pendant quatre mois seule-

ment, de très-petits et d'un goût moins délicat; d'après cela vous choisirez.

Nous allons maintenant redescendre pour
nous occuper de la cave, et ensuite de la
destination des bâtimens dont votre cour
est entourée.

### De la cave.

Si vous avez le bonheur d'avoir une bonne
cave c'est un grand avantage, car il y a
beaucoup de vins qui pour devenir excellens, et par conséquent acquérir de la valeur, n'ont besoin que d'être gardés long-
temps, tandis qu'ils sont âpres et insipides
dans leur jeunesse.

Si elle n'est pas très-bonne, et que ses
défauts soient susceptibles d'être corrigés,
vous ne devez pas regarder à quelques frais
pour parvenir à ce résultat.

Une bonne cave doit avoir les ouvertures
au nord, n'être ni trop humide ni trop sèche; mais ce dernier cas a moins d'incon-
convéniens que le premier, en ce qu'il n'occasione qu'une plus prompte évaporation
du vin en tonneaux, tandis que l'autre fait
pourir les fûts, les bouchons, et produit

souvent la détérioration du vin. Dans cette circonstance, vous n'avez d'autre moyen à employer que de la faire défoncer d'un pied, d'emplir ce défoncement avec de la glaise bien battue et bien liée, et de recouvrir cette couche de six pouces de terre très-sèche; alors l'humidité souterraine ne peut plus remonter; mais il faut avoir grand soin de n'y répandre aucun liquide, car par la même raison que la glaise empêche l'humidité du dessous de parvenir à la surface, elle retient aussi celle du dessus.

Quand les murs ressuent, comme cela arrive quelquefois, on établit un courant d'air, en perçant le haut de la porte de cinq à six trous de deux pouces de diamètre.

Si votre emplacement est assez vaste, vous ferez bien d'avoir à l'entrée une petite séparation que vous garnirez de planches percées, scellées dans le mur, pour y ranger les bouteilles vides. Il faut mettre votre vin en bouteilles au fond de la cave, et les tonneaux à l'entrée, afin d'éviter les accidens lorsqu'on les entre ou qu'on les sort; on les place sur des chantiers, dans une position bien horizontale, pour que la pente n'occasione pas de vide dans le dessus, et à une hauteur telle que, le fût étant percé dans le bas, une bouteille debout passe aisément sous le robinet.

Les bouteilles pleines se rangent de la manière suivante : on fait avec des planches des espèces de cases dont la largeur répond à la longueur d'une latte; on unit bien le sol, puis on met deux ou trois lattes l'une sur l'autre à l'endroit où doivent reposer les cols du premier rang de bouteilles; on arrange celles-ci en sorte qu'elles ne se touchent pas tout-à-fait; on place sur les ventres de ce premier rang une seule latte, et on met un second rang de bouteilles en sens inverse des premières. On continue ainsi de suite, mettant toujours une latte sur le ventre de chaque rang. On peut empiler de cette manière jusqu'à vingt rangs de bouteilles égales, sans qu'il y ait le moindre risque.

Lorsque vous avez plusieurs espèces de vins en bouteilles, vous devez faire des étiquettes en bois sur lesquelles vous écrivez les noms; vous les accrochez au-dessus des cases, ce qui vous donne la facilité de les changer

changer sans surcharger les murs de noms différens quand vous remplacerez un vin par un autre.

Les pièces qui ne sont point en perce doivent être remplies avec du vin de même qualité tous les deux mois au moins; il ne faut pas négliger de les visiter souvent, pour voir si elles ne coulent pas par quelque fente [1].

Avant de mettre le vin en bouteilles, on est dans l'usage de le coller pour l'éclaircir, ce qui se fait avec des blancs d'œufs pour le vin rouge, et de la colle de poisson pour le vin blanc, ou mieux encore avec les poudres de M. Jullien. Ces poudres ne reviennent qu'à 3o centimes pour clarifier une pièce de 24o litres.

Si vous vous servez de blancs d'œufs, il en faut six pour la quantité ci-dessus. Vous commencez par tirer environ deux bouteilles de la pièce, vous battez bien les blancs avec une chopine de ce même vin, et vous versez

---

[1] Voyez, pour tous les soins qu'exige le vin, le *Manuel du sommelier*, par M. Jullien, rue Saint-Sauveur, n°. 18.

le mélange dans le tonneau ; ensuite vous introduisez par la bonde un bâton fendu par le bout, avec lequel vous agitez en tous sens pour faire remonter la lie ; vous remettez le vin que vous avez ôté, et vous bondonnez le tonneau. Au bout de cinq à six jours le vin est bon à mettre en bouteilles.

Le collage du vin blanc à la colle de poisson se fait ainsi : prenez un gros de colle de poisson, battez-la sur un billot pour l'effeuiller, mettez-la dans un vase avec un demi-verre du vin que vous voulez coller ; laissez dissoudre jusqu'au lendemain, et servez-vous-en comme j'ai indiqué pour les blancs d'œufs.

### Bâtimens entourant la cour.

Outre le corps-de-logis que je viens de décrire, il faut autour de votre cour tous les bâtimens nécessaires à loger les animaux dont votre basse-cour se composera, ainsi qu'une remise, un grenier, un fenil, un hangar, un endroit à l'abri de la gelée pour serrer les légumes pendant l'hiver, une laiterie, et enfin une menuiserie. Je commencerai par la description de celle-ci, que je crois de première utilité quand on habite loin de la ville.

### Menuiserie, ou laboratoire.

Je ne prétends point que vous deviez établir un atelier complet comme celui d'un maître menuisier, mais vous devez du moins avoir tous les outils que le premier homme venu peut manier, pourvu qu'il ait un peu d'intelligence, et qui servent à faire des ouvrages rustiques et raccommoder de gros meubles ; car s'il fallait que vous fissiez venir un ouvrier expert toutes les fois qu'il y aura chez vous un clou à rattacher ou une planche à dégrossir, cela deviendrait très-dispendieux, et souvent vous vous passeriez de choses fort utiles faute de pouvoir les faire faire chez vous. Pour cette raison, il est indispensable que votre jardinier soit adroit et de bonne volonté, à moins que vous n'ayez un mari ou un fils qui ne trouve pas au-dessous de lui de manier de temps en temps le rabot, comme Émile. Cet atelier devient même nécessaire lorsque vous prenez un menuisier à la journée pour des ouvrages qui ne peuvent s'exécuter que sur place.... Il faut alors qu'il trouve chez vous les gros outils dont il ne saurait se charger. La porte de l'atelier doit être à deux battans et de plain-pied avec la cour, afin de faciliter l'entrée des pièces de bois à manœuvrer. Le premier meuble à y placer est un établi bien conditionné, avec valets, pates, râtelier, maillet, etc. [1]

Les murs seront garnis de planches et de tringles à crochets pour poser et accrocher les outils, dont les principaux sont : des scies de différentes formes, des varlopes, rabots, ciseaux et gouges, équerre, trusquin, niveau, règle, villebrequin, vrilles de toutes grosseurs, etc. Ces objets seront rangés par ordre suivant l'usage auquel ils sont propres et devront toujours être remis à la même place toutes les fois qu'on s'en sera servi, afin que rien ne s'égare.

Aussitôt qu'un outil est brisé ou usé, il doit être remplacé.

Il est utile aussi d'avoir quelques outils de serrurier, qu'on range séparément des

---

[1] Voyez l'*Art du menuisier*, extrait de l'ouvrage de Roubo, 2 vol. in-12, chez Audot.

autres ; un étau, une petite enclume, même quelques serrures, crochets et pitons, etc. Une boîte à clous, divisée en autant de compartimens qu'il y a de grosseurs... Enfin dans votre position vous ne sauriez manquer de prévoyance sans éprouver un préjudice réel.

Je vous engage à ne point établir de poêle ni de cheminée dans ce lieu, par crainte du feu.

### De la laiterie, du beurre et des fromages.

La laiterie demande toute votre attention ; sa température est la chose la plus essentielle ; elle ne doit pas passer douze degrés l'été, ni être au-dessous de huit en hiver.

Je ne vous donnerai pas ici la description d'une de ces laiteries qu'il est d'usage d'avoir dans les pays où l'on fait le commerce du beurre, comme à Isigni, Gournay et dans la Bretagne ; j'ai dit que j'écrivais pour la moyenne propriété, il faut donc que tout ce que j'indique soit praticable et ne surpasse pas ses facultés ; d'ailleurs assez de livres ont donné ces détails.

Que votre laiterie soit propre, fraîche en

été, chaude en hiver, voilà je crois tout ce que vous pouvez désirer; en conséquence, il faut que sa porte soit au nord-ouest, parfaitement close, et munie dans le haut d'une petite ouverture grillée pouvant se fermer à volonté avec une coulisse, afin de donner de l'air en été sans que les chats puissent y entrer; que le carrelage soit bien joint, qu'il ait tant soit peu de pente vers la porte, pour que, lorsqu'on le lave, l'eau s'écoule d'elle-même. Les murs doivent être recouverts en briques posées de champ et jointes comme le carrelage, parce qu'on doit les laver aussi de temps en temps : il ne faut cependant pas, sous prétexte de propreté, rendre ces lavages trop fréquens; ils entretiendraient une humidité préjudiciable au laitage, qui est très-susceptible de moisir. Le plafond doit être uni et entretenu de manière à ce qu'il ne s'en détache aucun débris.

Il doit régner le long du mur et tout autour, à trois pieds d'élévation du sol, une large tablette de deux pieds environ, pour y déposer les terrines en hiver (l'été on les laisse par terre); on place aussi sur cette tablette la baratte, le petit seau à traire les vaches, la couloire, les éclisses ou féchelles ; l'écumoire à écrèmer qui doit être large et percée de très-petits trous : les coquilles dont on se sert dans quelques endroits sont beaucoup moins commodes et ne séparent pas assez bien le lait d'avec la crème ; c'est une erreur de croire que le fer-blanc étamé communique dans ce cas-là un mauvais goût au lait ; l'opération est trop prompte pour qu'il ait le temps de s'oxider.

Les terrines de grès sont les meilleures ; elles doivent être de grandeur à tenir la traite d'une bonne vache, mais larges et peu profondes parce que la crème monte alors plus promptement ; vous veillerez à ce qu'elles soient toujours de la plus grande propreté, nettoyées aussitôt qu'elles sont vides, et rapportées de suite à la laiterie ; sans cette attention on s'en servirait à la cuisine ; de temps en temps il faut les faire frotter avec un bouchon d'orties fraîches au lieu de la lavette. L'eau avec laquelle on les lave ainsi que tous les vaisseaux qui servent au laitage, doit être chauffée à part et non dans la chaudière à vaisselle.

Le bon goût du beurre et des fromages

tient à ces minuties ; mais si vous n'y veillez, elles seront négligées assurément.

Aussitôt que le lait est tiré, on le coule dans la laiterie, et on l'y place à demeure pour ne plus le remuer. L'écrèmage exige aussi beaucoup de précaution, et je voudrais vous convaincre de la nécessité de le faire vous-même : c'est un amusement et une occupation qui entre dans vos attributions. Quand vous aurez comparé le beurre et les fromages de votre façon, avec ceux de votre femme de basse-cour, vous ne voudrez plus lui céder cet emploi.

Pour procéder à l'écrèmage, vous vous assurerez si le lait est à point, c'est-à-dire, si toute la crème est à la surface et forme un corps entièrement séparé du lait : l'habitude vous indiquera, d'après la température de votre laiterie, combien il faut de temps pour cela.

L'hiver le lait ne se coagule pas naturellement, et l'écrèmage est facile ; l'été il y a des jours où il se caille avant qu'on ait pu l'écrèmer ; alors, on se sert d'une cuillère ou coquille avec laquelle on roule la crème sur elle-même pour qu'aucune parcelle de caillé ne s'y mêle; on la dépose dans une petite terrine particulière.

Pour que le beurre soit d'un goût fin et agréable, il faut que la crème soit fraîche; vous devrez donc le faire faire tous les deux jours en été et deux fois la semaine en hiver. Comme le battage est pénible, vous le ferez exécuter par votre femme de basse-cour, mais quant au lavage, d'où dépend sa principale bonté, vous vous en chargerez, et cet article demande encore une longue explication; car, si vous suivez la méthode habituelle des femmes de campagne, votre beurre n'aura pas le degré de perfection qu'il peut atteindre; pour le lui donner, il faut aussitôt qu'il est pris le pétrir dans son lait avec un pilon de bois; étant bien pétri et n'offrant plus ni grumeaux ni vides, vous en décantez exactement tout le lait; vous recommencez à le pétrir encore à deux reprises pour en faire sortir tout ce qui a pu en rester, et vous l'égouttez soigneusement; vous mettez alors un peu d'eau dessus, vous le pétrissez de nouveau, et vous répétez cette opération jusqu'à trois fois en renouvelant l'eau; à la quatrième vous en mettez davantage et la laissez : ensuite vous trempez une cuillère d'argent dans le lait qui est sorti du beurre, pour l'empêcher de s'y attacher, et vous vous en servez pour le tirer de la baratte morceau par morceau, le pétrissant à mesure sur une assiette et le pressant couche par couche jusqu'à ce qu'il n'y reste ni eau ni lait et qu'il soit réuni en masse ; vous le retournez alors sens dessus dessous, et lui donnez avec la cuillère la forme que vous voulez, puis vous jetez de l'eau dessus pour le laver seulement, car il faut vous garder de la laisser pour le tenir frais : cette méthode hâte sa rancidité au lieu de la retarder ; on ne doit mettre d'eau que sur les coquilles ou petits pains qu'on fait au moment de les poser sur la table.

Il est peut-être à propos de vous indiquer ici la manière de vous servir de ces moules en buis avec lesquels on forme les petits pains, car il arrive qu'on y renonce, faute de savoir comment les détacher du beurre : on fait une petite boule de beurre, grosse comme la moitié d'un œuf ; on l'aplatit à demi, on trempe son moule dans le lait de beurre, à deux ou trois reprises, et on l'applique sur la petite boule, en appuyant jusqu'à ce qu'elle soit étendue de l'épaisseur d'une pièce de cinq francs ; on détache un peu les bords avec un couteau trempé aussi dans le lait, et le pain se trouve parfaitement empreint.

Je ne ferai point un article à part de la fromagerie. La maison de campagne étant très-distincte d'une ferme, je ne dois pas traiter des choses qui ne pourraient se pratiquer avec succès que dans cette dernière.

Dans la position que j'ai supposé être la vôtre, deux bonnes vaches à lait pourvoiront largement à votre entretien : un plus grand nombre vous serait inutile, et par conséquent n'entrerait pas dans le système d'économie qui doit vous servir de règle. Que vous ayez suffisamment de fromages pour la consommation de vos domestiques, voilà tout ce que vous devez chercher. Vendre des fromages communs n'offre pas un bénéfice qui vaille la peine d'en faire une spéculation.

Si vous êtes dans un pays renommé pour leur fabrication, ce que vous aurez de mieux à faire sera de vous instruire des

procédés qu'on y emploie ; ce que je vous
dirais ne vaudra jamais ce que vous apprendrez en voyant faire.

Dans tout autre lieu, ce serait temps et
matière perdue, que de vouloir imiter des
qualités qui tiennent principalement au local et aux herbages : en général, ces imi-
tations réussissent mal et sont dispendieuses à exécuter en petit. Pour que l'économie soit bien entendue ( et c'est la seule
fructueuse ), il faut savoir distinguer les
choses bonnes à introduire, d'avec celles
qui ne seraient pas suivies de succès.... Dé-
fiez-vous donc de l'enthousiasme des inno-
vations, mais ne les repoussez pas aveuglé-
ment : c'est le seul moyen de réussir.

Pour en revenir aux fromages, je dis
donc que vous devrez vous borner à ceux
du pays, ce qui n'empêchera pas que vous
n'en fassiez aussi quelques-uns à la crème,
ainsi que d'autres friandises du même genre,
dont vous trouverez les recettes dans ma
*Petite cuisinière*.

Le petit-lait qui sort des fromages est
excellent pour les cochons, et ne peut avoir
d'autre emploi.

### De la boulangerie.

Pour les mêmes raisons que je viens de vous donner dans l'article précédent, je ne parlerai point de boulangerie. Avec le peu de domestiques dont vous avez besoin, faire du pain chez vous serait le moyen qu'ils en mangeassent toujours du sec et du mauvais : à moins que vous ne chauffassiez le four souvent pour une petite quantité, ce qui le ferait revenir plus cher que celui du boulanger.

Quant à votre consommation particulière, je ne vois pas grand benéfice à faire usage de pain de ménage, au lieu de pain mollet, fussiez-vous trois maîtres. D'ailleurs, je le répète, ce n'est point sur la qualité qu'il faut porter vos économies : vous devez au contraire, dans votre campagne, avoir tout ce qu'il y a de meilleur en choses non recherchées.

Dans le cas où vous aimeriez le pain de ménage, le boulanger le fera toujours mieux que votre femme de basse-cour; et en lui fournissant la farine, vous aurez de beau pain à un prix convenable.

De l'écurie , de l'étable des vaches , et des soins à donner
à ces animaux.

Si votre cour n'est pas celle d'une ferme,
il est à croire que l'écurie ne sera pas séparée de l'étable des vaches, et qu'elle servira aux deux usages, ce qui est économi-
que et sans inconvénient; dans cette hypo-
thèse, les vaches seront d'un côté et votre
cheval de l'autre. La première chose dont
vous devrez vous occuper sera d'y faire régner la salubrité, ce qui s'obtient par l'établissement d'un courant d'air du nord au
midi.

D'après l'orientement supposé de votre
cour, la porte de votre écurie sera au nord;
vous ferez percer une fenêtre dans le milieu du mur du fond, qu'on laissera ouverte nuit et jour, excepté en hiver ; vous
ferez faire aussi une percée de six pouces
de diamètre dans le haut de chaque battant
de la porte; ces percées ne seront jamais
bouchées, en quelque saison que ce soit.

Le pavé doit être uni et entretenu tel. Il y
aura une rigole de chaque côté, à peu près à
deux pieds plus loin que l'endroit où portent

les jambes de derrière des animaux ; ces deux rigoles se réuniront en approchant du trou d'égoût qui conduira les eaux dans la fosse à fumier ; bien entendu que cette fosse sera dans la basse-cour, derrière les bâtimens de la droite de votre cour.

La hauteur à laquelle on doit placer les râteliers est connue. Il faut que les crèches soient parfaitement jointes, et qu'elles aient des séparations en forme d'auge, afin que le grain, le son, et les légumes hachés ne s'écartent pas, et que les animaux les ramassent aisément.

Les anneaux ou trous qui servent à attacher les vaches, seront au moins à cinq pieds les uns des autres, pour qu'elles soient à leur aise et que l'une ne puisse manger la ration de l'autre.

On ne doit pas les attacher par les cornes ni avec des cordes, mais leur mettre des colliers de cuir garnis d'un gros anneau, dans lequel on passe la chaine de fer qui les retient à la crèche.

Vous exigerez que la femme qui les soigne remette plusieurs fois dans la journée quelque peu de litière à mesure qu'elles se salissent, pour que leur poil soit toujours propre et luisant.

Il suffira de faire nettoyer l'étable une fois la semaine en été, et tous les quinze jours en hiver : dans cette dernière saison on choisira un jour de dégel, afin que la privation subite de la chaleur du fumier ne nuise pas aux animaux ; aussitôt après cette opération, on lavera le pavé à grands seaux d'eau, et l'on remettra de suite ample litière.

Les auges seront vidées chaque matin des débris de la veille.

Toutes les herbes sèches ou vertes seront données dans le râtelier, pour en prévenir le gaspillage.

Je vous conseille de faire nourrir vos vaches principalement à l'étable, et de ne les envoyer au pré que quatre heures par jour dans l'été, et une dans l'hiver, quand le temps le permettra ; afin de faire la plus grande quantité de fumier possible.

Tout le temps qu'elles sont au pré, la femme de basse-cour doit les garder.

Vous pouvez calculer sur vingt-cinq livres par jour de fourrage sec par chaque vache; et en herbages verts, deux fortes brouettées, empilées et serrées avec une corde, tant qu'il en peut tenir.

Les heures de repas doivent être réglées, et vous ne souffrirez pas qu'on les change sous quelque prétexte que ce soit : il en faut cinq en douze heures; celui du soir doit être le plus copieux, à cause de la nuitée.

On doit abreuver à l'étable trois fois le jour : le matin, à midi et le soir. L'hiver, il est nécessaire de mettre une poignée de son dans chaque seau d'eau, tant pour corrompre sa froideur que pour suppléer au rafraîchissement de la nourriture verte d'été.

A commencer de l'équinoxe de printemps jusqu'à celui d'automne, vous ferez traire vos vaches matin et soir, à douze heures d'intervalle, et à heures fixes; passé cette époque, on les traira au soleil levant et au soleil couchant. Deux traites sont suffisantes en tout temps, excepté dans le premier mois qui suit le vêlage, qu'on doit en faire une de plus à midi. Il faut laver le pis avant de traire : à l'eau froide en été, à l'eau tiède en hiver.

Voici un aperçu de la manière dont vous pourrez nourrir vos vaches pendant le cours de l'année.

Dans la belle saison, vous les enverrez deux heures au pré, après la traite du matin et deux heures avant celle du soir, et vous ferez faucher du fourrage de pré, arracher des herbes, cueillir et couper les feuilles de légumes, pour emplir les deux brouettées de chaque vache, comme je l'ai déjà dit.

Les feuilles de betteraves, carottes, panets, artichauts, oseille, choux, chicorée sauvage, navets, poirée; les jeunes orties, la traînasse (*polygonum oviculare*), le laiteron (*sonchus oleraceus*) l'ébourgeonnage des vignes, les tiges de garance, et une infinité d'autres plantes que l'habitude de la campagne vous fera connaître, sont très-aimées des vaches, et leur donnent beaucoup de lait.... Le sainfoin, le trèfle, la luzerne (mais peu de cette dernière, car elle est très-échauffante), sont excellens, mêlés avec l'herbe commune.

L'hiver on ne les mènera au pré qu'une fois, et à midi; vous leur ferez donner vingt-cinq livres de bon foin en cinq repas; on le secouera long-temps avec la fourche avant de le mettre dans le râtelier.

Si vous avez de la luzerne ou du trèfle, vous en ferez mêler un quart, en diminuant d'autant le foin.

Il est nécessaire, pour entretenir le lait bon et abondant dans cette ingrate saison, de vous approvisionner de racines, telles que betteraves, carottes, navets, dont vous leur ferez donner à chacune six livres au moins matin et soir; ces racines seront préalablement lavées et coupées menu. Point de pommes-de-terre : crues, elles donnent un mauvais goût au lait; cuites, elles engraissent, et par conséquent en diminuent la quantité. Quelques livres de gland sont encore agréables et salutaires aux vaches.

Enfin, ne négligez aucune occasion de leur procurer un peu de verdure, et ne les sacrifiez pas à vos cochons, comme le font certaines ménagères; car le premier animal de votre basse-cour, en raison de son utilité, c'est la vache.

En mars, dès que l'herbe commencera a poindre, vous leur en ferez ramasser et

couper à la faucille le long de vos haies, des
buissons, etc., et vous la ferez mêler avec
leur foin sec... Si votre femme de basse-cour
est active et intelligente, et surtout si vous
la stimulez, elle trouvera en tout temps
quelque chose pour les régaler.

Pour que vos vaches ne tarissent pas, il
faut les faire sauter tous les quinze ou dix-
huit mois, et non pas toutes deux à la fois,
afin d'avoir toujours à peu près une égale
quantité de lait; car quelque bonne que soit
une vache, on doit cesser de la traire six
semaines avant le vêlage. Vous prendrez note
des époques, pour ne pas vous tromper.
Aussitôt qu'une de vos vaches aura fait veau,
on jettera le délivre, on la traira, et on lui
donnera cinq livres d'avoine mêlée avec du
son, une chopine de vin, deux pintes d'eau,
et une poignée de sel.

On lui laissera son veau jusqu'à ce qu'elle
l'ait bien léché, et que son poil soit net et
brillant, après quoi on l'attachera, avec un
petit collier de cuir et une corde, dans un
coin de l'étable éloigné de la mère.

N'ayant que deux vaches, vous aurez
besoin de tout leur lait; par conséquent

vous ne ferez point d'élèves, et vous vendrez le veau à trois semaines ou un mois au plus. Vous empêcherez qu'il tette, et vous lui ferez donner tout chaud la moitié du lait de chaque traite pendant les premiers huit jours ; ensuite vous ferez doubler cette portion, en y ajoutant autant d'eau tiède, dans laquelle on aura délayé avec soin, pour qu'il n'y ait point de grumeaux, une poignée de farine de froment.

On fait boire les veaux en mettant la main dans le vase qui contient le lait et introduisant un doigt dans leur bouche.

Il y a des manières bien plus recherchées de nourrir les veaux, mais elles sont dispendieuses et donnent beaucoup de peine. ( Voyez M^me. Gacon Dufour, *Économie domestique.* ) En Normandie, on vend un veau en raison de ce qu'il a coûté à nourrir, parce qu'on connaît et apprécie sa qualité ; mais dans un autre pays vous ne le vendriez pas un franc de plus, en eût-il mangé dix en œufs.

Voilà à peu près tout ce que les bornes de cet ouvrage me permettent de vous dire sur cet article, très-intéressant pour vous.

L'habitude et l'expérience vous en apprendront plus que tous les livres ; cependant vous ferez bien de les consulter.

Occupons-nous maintenant du cheval. Il est sensé que si vous avez un mari ce sera lui qui en aura exclusivement la direction ; mais si vous êtes seule, comme cela est possible, il n'est pas inutile que vous ayez quelque idée des soins qu'il exige.

Vous le ferez placer dans l'écurie, du côté opposé à celui des vaches ; votre jardinier, qui doit être le maître valet sans que cela nuise au jardin (puisque vous lui donnerez des ouvriers), sera chargé de l'étriller dès le matin, lui laver les jambes, le brosser et lui faire les crins. Tous les instrumens nécessaires à sa toilette, tels que l'étrille, le peigne, l'éponge, la brosse et les ciseaux, seront rangés dans une boîte destinée à cet usage, et qu'on accrochera au mur. Les harnais seront nettoyés et frottés avec un linge graissé d'huile de poisson, toutes les fois qu'on s'en sera servi ; on les suspendra à des chevilles de bois fichées dans un des poteaux qui soutiennent le plancher de l'écurie.

Sa litière doit être abondante et renou-
velée tous les jours.

Le poids moyen de sa nourriture en sec
est de trente livres par vingt-quatre heures.
S'il ne fatigue pas, vous pouvez vous dispenser de lui donner habituellement de l'a-
voine ; qu'il en ait cinq livres lorsqu'il aura
fait une corvée, c'est suffisant : il est indispensable de la cribler auparavant ; il y aura
pour cela un crible suspendu à côté de la
boîte de toilette.

Sa nourriture ordinaire doit être moitié
paille de froment et moitié bon foin, ce dernier bien secoué à la fourche avant de le
mettre dans le râtelier. Vous pourrez au
printemps faire mêler un peu d'herbe fraîche
parmi le foin, et l'hiver un peu de trèfle ou
de luzerne sèche, mais modérément.

On pourra régler les heures de ses repas
comme ceux des vaches, ainsi que l'abreu-
vement, et la femme de basse-cour s'en
chargera. On mettra l'hiver une poignée de
son dans chaque seau d'eau qu'il boira.

Au reste, on ne peut rien fixer de bien
positif sur la manière de le gouverner ; cela
dépendra de son tempérament, de l'état de

sa santé, et du travail qu'on lui fera faire. Si vous l'occupez beaucoup, je vous conseille de lui associer une modeste bourrique pour le soulager; celle-ci, reléguée dans le coin le plus reculé de l'écurie, mangeant, et à petites rations, le rebut de ses camarades, ne vous avertira de son existence que par les services réitérés qu'elle vous rendra... Mais avec l'humanité qui doit être votre apanage, vous ne souffrirez pas qu'elle soit moins heureuse que tout ce qui vous appartient.

Elle sera la pourvoyeuse de la maison, et rapportera toutes les provisions de la ville, à l'aide d'un bât garni de deux grands paniers couverts sur lesquels on mettra encore une toile imperméable, afin que la pluie ou le soleil ne puisse endommager ce qu'ils contiendront.

Vous veillerez à ce que son bât soit bien rembourré, et que rien de son équipage ne la blesse : évitons autant que nous le pouvons la douleur aux animaux de tout genre que nous asservissons pour notre utilité ou notre plaisir; l'esclavage est déjà une condition assez triste pour eux, sans l'aggra-

ver par de mauvais traitemens ou par le
manque de soin.

Vous la ferez étriller une fois la semaine,
et vous l'enverrez au pré avec les vaches.

### Grenier pour les grains.

Le grenier à blé et autres grains serait
très-bien placé au-dessus de l'écurie; l'escalier pour y monter serait en dedans et près
de la porte d'entrée.

Il doit être sec et aéré, ce qui est facile à
obtenir en y faisant percer deux fenêtres,
l'une au nord, l'autre au midi; il faut qu'elles
soient grillées à mailles afin d'empêcher les
oiseaux d'y entrer.

Vous le ferez planchéier, et vous ferez
recouvrir chaque joint d'une planche mince
et étroite qu'on appelle *tringle*, et qui, étant
garnie de clous très-rapprochés, met obstacle à ce qu'aucun grain puisse se glisser
dans les joints; sans cette précaution on en
perd beaucoup.

Le carrelage ne peut remplacer avantageu-
sement cette manière, en ce qu'il entretient
trop d'humidité sous les monceaux.

Comme ce grenier ne doit servir qu'à contenir les grains nécessaires à votre consommation et à la nourriture des volailles, il est inutile qu'il soit muni de tous les meubles et ustensiles d'usage dans une ferme; un simple crible et un van suffiront.

### De la basse-cour, poulailler, canardier, toit à porcs, etc.

Si l'étendue et la position de votre emplacement le permettent, la grande porte charretière de la basse-cour devra être sur le derrière, et alors vous n'aurez dans votre cour d'entrée que la petite porte de communication indispensable pour faciliter la femme de basse-cour dans les soins continuels qu'elle est obligée de donner aux animaux de toute espèce qui lui sont confiés.

Les poulailler, canardier, toit à porc, et clapier, formeront le reste de clôture de ce côté de votre cour, mais leurs portes donneront toutes dans la basse-cour.

En parlant de leur construction, je dirai aussi la manière de conduire les différens animaux auxquels ils sont destinés, afin de ne pas m'écarter de la marche que j'ai déjà suivie, et qui me parait la plus propre à vous donner à la fois l'aperçu général d'une administration qui vous a été inconnue jusqu'à présent, sans vous renvoyer pour cela à plusieurs articles sur un seul objet.

Le poulailler doit être aéré, mais sans courant d'air ; le vent inquiète et tourmente les poules ; elles aiment le silence et l'obscurité lorsqu'elles pondent ou qu'elles couvent. Pour cette raison, la porte ne sera point au milieu, mais à l'une des extrémités, afin que celles qui entrent et qui sortent ne troublent pas celles qui sont dans le fond sur les nids.

On fait dans le bas de la porte une petite trappe à coulisse de cinq pouces de large sur six de haut, et pas davantage, parce que les dindons, les oies, même les chiens, pourraient y entrer ; on tient cette trappe ouverte toute la journée, et on la ferme le soir aussitôt que la dernière poule est rentrée. On pratique aussi dans le haut une ouverture d'un pied carré qu'on fait griller à mailles, et qu'on ferme avec une planche à coulisse lorsque le froid est très-grand.

C'est à côté de la porte qu'il faut placer la fenêtre à la hauteur de quatre pieds du sol, et ne lui donner que deux pieds de haut sur un de large; elle doit être grillée à mailles, et garnie d'un volet en dehors. La grandeur du poulailler sera en proportion du nombre de poules que vous voudrez avoir; il faut qu'il ait à peu près trois toises de long sur une de large, pour en loger cinquante de manière à ce qu'elles ne se querellent pas en se couchant, et ne se jettent pas à terre, ce qui mettrait le trouble toute la nuit. Pour que la poule prospère, elle doit dormir paisiblement.

Les juchoirs se font en perches carrées de deux pouces d'épaisseur en tout sens; on les espace de dix-huit pouces, et on les place en travers à six pieds d'élévation au-dessus de terre; huit suffisent pour le poulailler que je décris; on les scelle solidement dans le mur, en sorte qu'ils ne puissent éprouver aucun ébranlement par le poids des poules; à cette distance ils ne seront jamais salis. Il est utile de placer de chaque côté du mur, à l'endroit où les juchoirs sont fixés, une planche de dix-huit pouces de large qui vienne se reposer en pente dessus, pour que les poules ne s'approchent pas

trop du mur et ne salissent pas les nids qui
sont en-dessous.

On met une petite échelle au-devant du
premier juchoir en entrant, pour aider les
poules à y monter. Il y a assez de quatorze
nids pour la quantité de poules indiquée ;
je vous engage à ne point les pratiquer
dans l'épaisseur du mur ; les punaises s'y
logent et on ne peut les détruire. Je vais
vous décrire ceux que je fais faire et qui
remplissent parfaitement leur destination ,
sans être sujets à aucun inconvénient.

Ce sont des espèces de boîtes en planche
de peuplier ; l'ouverture est d'un pied carré
ainsi que la profondeur ; le dessus vient en
pente comme un toit d'appentis. ( Voyez la
figure. )

Sur le devant il y a un petit rebord
de deux pouces qui retient la paille et les
œufs ; le haut de la planche de derrière est
percé d'un trou d'un pouce. On scelle dans
le mur de grosses pates à crochet pour y
accrocher ces nids tout près les uns des
autres. Il ne faut en mettre qu'un rang et à
six pouces seulement d'élévation du sol :
lorsqu'ils sont plus élevés, les poules ne

voient pas s'ils sont déjà pris par d'autres, elles s'élancent dessus, et de là naît une querelle ou du moins un trouble nuisible à la pondeuse.

Le sol du poulailler doit être dressé et préparé par une couche de neuf pouces d'épaisseur en glaise mêlée d'un quart de chaux amortie, le tout bien amalgamé et battu. Lorsque cette préparation est sèche, elle devient plus dure que le carreau, et n'en a pas l'humidité ; on répand dessus un lit de paille qu'on renouvelle exactement une fois la semaine, après avoir balayé et gratté le fumier. Un poulailler ainsi construit et entretenu engage les poules à y pondre, et l'on n'est point exposé à ce qu'elles aillent, comme cela arrive souvent, chercher ailleurs un repos et une propreté qu'elles n'y trouvent pas quand on n'a pas tous ces soins.

Outre ce poulailler, il en faut deux autres : un pour les poulets, moitié moins grand que le précédent, arrangé de la même manière mais sans nids, et un plus petit encore, sans juchoirs, destiné aux poules couveuses ; on y met à terre deux ou trois nids semblables aux autres, un abreuvoir de deux pouces seulement de profondeur, afin que les petits nouvellement éclos ne puissent s'y noyer, et une mangeoire qu'on tient toujours garnie de grains et de pâtée; car les couveuses ne doivent jamais sortir tant que dure l'incubation.

### Soin et nourriture des poules.

Les bonnes poules, c'est-à-dire celles qui pondent le plus, sont de moyenne grosseur; elles ont la crête simple et couchée ur le côté. Toutes celles qu'on recherche pour leur beauté, leur énorme huppe, ou leur taille gigantesque, pondent très-peu : vous les exclurez donc de votre poulailler, de crainte de le faire dégénérer; vous n'y souffrirez non plus aucune de celles qui sont farouches et pondent dehors.

Une poule de bon rapport ne se maintient telle que quatre ou cinq ans au plus; en conséquence. pour avoir un poulailler bien entretenu, sur quarante-huit poules que vous aurez vous en supprimerez chaque année six des plus anciennes, et vous les remplacerez par six poulettes du mois de mars précédent, ayant toutes les qualités

requises; vous engraisserez les six poules de
rebut, pendant le courant de décembre et
janvier, dans un lieu séparé; j'excepte de
cette règle deux ou trois bonnes couveuses,
comme il s'en trouve quelquefois qui demandent à couver régulièrement à la même
époque, et dont la longue expérience assure
la réussite des poussins : vous conserverez
celles-là pour cet unique usage jusqu'à ce
que l'âge ou la fatigue les rende inutiles.

Trois coqs au plus suffisent pour vos
quarante-huit poules; leur durée ne se pro-
longe pas non plus au delà de quatre ans;
vous les renouvellerez tous à la fois, afin
que l'égalité de force et d'âge maintienne
la paix. Un bon coq doit être grand dans
son espèce, avoir la poitrine large, les
jambes fortes, bien ergotées, la crête simple
et du rouge le plus vif; il doit même dès les
premiers mois appeler les poules lorsqu'en
grattant il a trouvé quelque grain ou quelque morceau friand : les coqs gourmands
sont à rejeter. Il est inutile de dire que vous
les choisirez parmi vos élèves; mais dans
le cas où il y aurait chez vos voisins ou dans
le canton quelques poules d'un meilleur

rapport que les vôtres et pondant des œufs plus gros , vous tâcherez de vous en procurer pour les faire couver chez vous.

La nourriture des poules doit varier selon la saison ; en tout temps deux repas suffisent, un le matin en sortant du poulailler, l'autre à deux heures. Rien n'excite plus les poules à pondre et ne les tient en meilleure santé que les légumes farineux, bouillis et donnés chauds ; les pommes-de-terre possèdent cet avantage au plus haut degré : depuis novembre jusqu'à la fin d'août, si vous avez su les conserver , vous pouvez en donner à toutes vos volailles pour leur repas du matin ; on les écrase préalablement et encore bouillantes avec une petite pelle de bois. Cette nourriture saine et de leur goût ménage moitié du grain qu'il leur faudrait sans cela. Au repas de deux heures on donne du grain, principalement de l'orge en été, du sarrasin, de l'avoine et du chènevis en hiver : on achète ce dernier lorsque les semences de chanvre sont finies, parce que cette graine n'étant plus susceptible de germer d'une année à l'autre, on se la procure alors à bon marché ; on la met en réserve

pour en donner quelques poignées soir et
matin aux poules pondeuses pendant les
mois les plus rigoureux de l'hiver, ou simplement dès qu'on s'aperçoit que la ponte
languit.

Il est bon aussi de leur faire hacher quelques feuilles de salade dans les grandes chaleurs.

On donne à manger aux poules devant
leur poulailler, sur une place nette et unie,
qui doit être balayée tous les matins à cet
effet ; à côté de la porte, on place un fond
de baquet plat, qu'on tient toujours plein
d'eau, qu'on renouvelle chaque jour avec
exactitude ; l'abreuvoir de la cour n'en dispense pas. La poule quitte son manger
pour boire, et si elle est obligée de s'éloigner, les autres ont tout fini lorsqu'elle revient.

On ne doit lâcher le matin les autres animaux
que lorsque le premier repas des poules est
terminé ; et pour celui qui a lieu à deux heures,
on doit les faire tous rentrer dans leurs étables respectives, pour y prendre leur pitance ; les poules seules la prennent dehors,
et ce n'est point un privilége, c'est une

chose nécessaire pour ne pas troubler les pondeuses dans leurs fonctions.

On croirait, au premier abord, que cette précaution doit occasioner beaucoup de peine et d'embarras ; mais les animaux qui savent qu'on ne les fait rentrer que pour leur distribuer une nourriture dont ils sont avides, viennent d'eux-mêmes au moindre signal de la femme qui les soigne, et dans un instant chacun est à son poste ; rien n'est si facile que de les habituer à des heures fixes ; ils finissent même par vous avertir si vous les oubliez, tant il semble que l'ordre et la régularité soient dans la nature.

Je vous conseille de prendre la clef du poulailler et de faire la levée des œufs vous-même, ce qui doit avoir lieu tous les matins pendant le premier repas ; on en laisse un dans chaque nid, et pour que ce soit toujours le même on le marque avec du charbon : les œufs de plâtre ne leurrent pas aussi bien les poules. Il faut éviter d'entrer au poulailler dans le courant de la journée : une poule que vous dérangez au moment où elle allait pondre va le faire ailleurs, et

quelquefois continue sans revenir au poulailler.

J'ai déja dit qu'on devait le nettoyer une
fois la semaine, en tout temps; il est convenable que ce soit un jour fixe. Il faut pour
cette opération choisir l'heure du premier
repas et la faire faire lestement; la [paille [1]
des nids ne se renouvelle que lorsqu'elle
est en parcelles; alors on profite de l'occasion pour retourner le nid et le bien
secouer *hors du poulailler* : tout cela, je le
répète, doit être fait en un instant, et ne
durer que le temps du repas des poules.

Comme la paille de tous les nids ne s'use
pas à la fois, et qu'il n'y en a guère qu'un
ou deux ensemble qui requièrent ce soin,
surtout si on les entretient de la manière
que j'indique, c'est bientôt fait.

### Maladies des poules.

Les poules sont sujettes à quelques maladies, mais rarement lorsqu'elles sont bien
soignées. Les plus communes sont, le bou-

---

[1] Le foin ne vaut rien pour cet usage, il se réduit trop
tôt en poussière.

ton;

ton, la pépie, et la dyssenterie ; celle-ci est contagieuse.

Le bouton est une petite tumeur blanche qui se forme sur le croupion ; on le guérit en le coupant avec précaution, et frottant ensuite la plaie avec du vinaigre ; mais l'animal reste long-temps languissant, et une poule n'a pas assez de valeur, il est trop aisé de la remplacer, pour chercher à la conserver au risque d'infecter les autres de la même maladie ; je vous engage donc, quelque cruel que cela paraisse et quelque répugnance que vous y ayez, aussitôt qu'une poule sera malade, à la sacrifier et la faire enterrer dans un lieu où les chiens ne puissent la découvrir. Tous les animaux de ce genre, que vous élevez avec tant de soin, sont destinés à subir tôt ou tard ce triste sort, que le besoin de notre conservation et une longue habitude semblent justifier. La cruauté ne consiste pas à hâter cet instant fatal ; mais l'humanité veut qu'on ne martyrise pas un animal pour le rendre plus délicat à notre goût ; qu'on ne le fasse pas souffrir, qu'on ne le maltraite pas sans nécessité, qu'on ne le tienne pas dans un pénible et douloureux esclavage, pour le seul plaisir de le regarder de temps en temps ; ou, ce qui serait encore plus barbare, qu'on ne le sacrifie pas au caprice d'un enfant gâté, qui lui donne la mort sans réflexion comme sans émotion... Ce premier essai de ses forces l'initie pour toujours dans l'art de la cruauté... On ne saurait prendre au contraire trop de précautions pour ne pas détruire dans les enfans le sentiment de la commisération, qui serait naturel à l'homme, sans l'exemple.

Qu'on me pardonne cette digression, je n'avais pas d'autre occasion de la placer et je sentais le besoin de m'expliquer, après avoir été forcée par mon sujet à donner un conseil cruel en apparence ; mais, dans un ouvrage comme celui-ci, je ne pouvais faire comme les personnes qui gémissent sur le sort d'un poulet en buvant un bouillon gras.

Il n'y a guère que la pépie qu'on doive essayer de guérir, parce que c'est ordinairement l'affaire de peu de jours. Cette maladie se manifeste par la pâleur de la crête, et le refus que l'animal fait de manger ; alors on lui ouvre le bec, et on aperçoit au bout de la langue une peau jaunâtre et racornie qu'on enlève avec une forte épingle ou des ciseaux bien pointus. On fait boire de suite à la poule un peu de vin, et on lui donne pendant quatre ou cinq jours une pâtée de son, de pain et de caillé.

Si vous ne vous décidez pas, d'après mon avis, à faire de suite le sacrifice de toutes celles qui seront malades, vous devrez nécessairement les séparer des autres et les soigner dans un poulailler éloigné, destiné seulement à cet usage; c'est pour cette raison que je dis que cet embarras surpasse de beaucoup l'avantage de sauver une poule qui, après une maladie, reste quelquefois deux ou trois mois sans pondre.

### De l'incubation et de l'éducation des poulets.

Le temps le plus favorable pour l'incubation est en mars et août; les poulets de cette dernière couvée sont bons et tendres jusqu'en avril suivant.

Quand on veut exciter une poule à couver de bonne heure, il faut la tenir dans le poulailler destiné à cet usage, lui donner une nourriture échauffante, telle que l'avoine ou le chènevis, et lui mettre quelques œufs dans un nid garni de paille. On choisit pour cette fonction des poules douces et privées ; celles qui ont déjà couvé sont les meilleures... Il est rare qu'une jeune poule amène à bien sa première couvée.

Si quelques poules demandent à couver d'elles-mêmes, d'assez bonne heure, on s'en aperçoit à ce qu'elles prennent un nid en affection et ne le quittent pas même pour manger ; il faut alors les toucher, les caresser, tant pour les apprivoiser que pour s'assurer qu'elles sont échauffées au point nécessaire pour souffrir le transport du poulailler commun à celui de l'incubation ; lorsque la poule se laisse prendre sans crier ni se débattre, elle est au degré requis. On lui prépare un nid bien garni de paille froissée, on y met douze, treize ou quatorze œufs des derniers pondus, parmi lesquels on choisit les plus gros. De ces douze ou quatorze œufs, il est rare qu'il en réussisse plus de huit à neuf ; par conséquent une seule couveuse ne suffit pas au besoin de votre maison ; il en faut au moins deux ou trois et à la fois, afin que les pous-

sins étant éclos, vous puissiez les réunir
sous une ou deux mères et ôter l'autre,
qui se remettra à pondre peu de temps
après.

L'incubation dure vingt-un jours ; si le
vingt-deuxième les poussins ne sont pas
éclos, c'est que les œufs sont clairs, et il
faut recommencer de suite avec une autre
poule ; mais cet accident est très-rare.

Pendant tout le temps de l'incubation on
doit entretenir l'auge pleine d'eau fraîche,
et la mangeoire bien garnie de pâtée ou de
grain.

Les poussins demandent quelques soins,
surtout dans le commencement ; dès qu'ils
sont éclos, on ôte les coquilles ainsi que les
œufs clairs, et on les laisse tout le premier
jour aux seuls soins de la mère ; le trois ou
quatrième on les fait sortir seulement depuis onze heures jusqu'à trois, si le temps
est beau et qu'il fasse soleil, car la pluie
les rend tristes et malades. Il faut toujours
les faire rentrer pour prendre leur nourriture, de peur que les autres volailles ne
la leur mangent. Trois repas sont assez : un
avant la sortie, un à midi et le dernier à

quatre heures. Les quinze premiers jours,
il faut leur donner du pain émietté et mêlé
avec un peu de son et d'eau, de la graine
de millet, du froment bouilli, ensuite du
froment sec, et enfin de l'orge. On peut avoir
un panier à poulets sous lequel on leur met
à manger; ils entrent et sortent à volonté à
travers des clayons, ce qui évite la peine de
les faire rentrer à midi.

En parlant de la distribution des poulaillers, j'ai dit qu'il en fallait un particulier
pour les poulets destinés à la cuisine; on doit
donc les habituer à y coucher du moment
où ils commencent à jucher, et veiller à ce
qu'ils n'aillent pas dans celui des poules.

Il faut en tout temps leur continuer trois
repas par jour pour les entretenir en chair,
et leur donner une nourriture rafraîchissante, surtout des pâtées de son, de pain et
de caillé.

Lorsqu'on veut en engraisser pour la broche, on les nourrit dans une épinette fixée
contre un mur à trois pieds d'élévation du
sol, à l'ombre en été, au soleil en hiver; là
on leur donne du pain blanc trempé dans
du lait, de l'orge bouillie, du froment, du

maïs cuit dans du lait, des pommes-de-terre cuites, et même des marrons s'ils sont communs ; cette dernière nourriture leur donne un goût excellent. Il faut varier pour qu'ils ne se dégoûtent pas.

Vous pourrez ne tenir que quatre poulets à la fois dans cette épinette, parce qu'il suffit d'un mois pour qu'ils y deviennent parfaitement gras. On remarquera leur plumage, et quand on en ôtera un, on le remplacera par un autre.

Ils s'engraissent aussi très-bien dans un endroit petit et séparé, dans lequel on place quelques juchoirs. On les nourrit de même et à discrétion, mais il faut renouveler souvent les pâtées, afin qu'elles ne s'aigrissent pas, et nettoyer la mangeoire. Les volailles qu'on engraisse ne doivent point boire, excepté quand on leur donne du grain sec, alors leur boisson doit être du lait écrèmé.

Les poulettes engraissent plus facilement que les mâles, et sont plus délicates.

Quelques personnes sont dans l'usage de faire couver des dindes au lieu de poules ; le seul avantage qu'on en retire est de leur donner à chacune autant d'œufs qu'on en .

donnerait à deux poules... mais cet avantage
est-il réel, puisque la dinde mange autant
et plus que les deux poules ? tandis qu'un
désavantage certain, est qu'étant très-pesante
elle écrase souvent les poussins en foulant
dessus. De plus les dindes battent les poules
et les poursuivent à outrance.

Étable des canards ; éducation des canetons.

Les canards ne juchant pas et ne s'as-
treignant pas à pondre dans des nids cons-
truits par la main des hommes, leur étable
n'est autre chose qu'un lieu couvert et abrité
auquel il faut une porte semblable à celle du
poulailler. Comme ils se salissent beaucoup,
il est nécessaire de leur remettre de la paille
fraîche deux ou trois fois la semaine, et de
faire enlever leur fumier aussi souvent et le
même jour que celui des poules. En fixant
ainsi un jour pour le nettoyage de toutes les
étables, la surveillance en devient plus facile,
et les négligences sont impossibles.

La cane paraît moins soumise à la do-
mesticité que la poule, et elle conserve toujours quelques mœurs de son état sauvage,
comme de chercher à pondre dans un lieu

caché, de ne le faire que dans un nid qu'elle
a construit elle-même, et de se dépiter pour
peu qu'on la tourmente ; aussi est-il beaucoup plus difficile de la faire couver que les
autres oiseaux domestiques ; cependant,
malgré cette difficulté, je persiste à penser
qu'on ne doit se servir de la poule ou des
dindes pour élever des canetons, que lorsqu'il y a eu impossibilité de le faire faire par
la cane. Les mœurs sont si différentes, que
les petits perdent infiniment de force et de
qualité, par cette contravention aux lois de
la nature.

Cinq canes et un canard suffiront à votre
basse-cour, proportionnément à tout le reste.

C'est à la fin de février ou au commencement de mars que la cane manifeste le désir
de couver. Si vous avez mis à part le nombre
nécessaire d'œufs pondus dans le mois pour
fournir à ce que vous voulez faire d'élèves,
il faudra vous défaire du canard mâle, ou le
séparer, de manière à ce que les canes ne
le voient ni ne l'entendent, ce qui les détour-
nerait. Vous leur ferez donner à manger et
à boire à l'étable, et vous laisserez un ou
deux œufs à la place où elles pondent, jus-

qu'à ce qu'elles soient bien disposées à couver ;
alors vous profiterez du moment où elles
seront à manger pour ôter les vieux œufs
sans bouleverser les nids, et vous en substi-
tuerez dans chacun, huit ou neuf de ceux
gardés à cet effet : si vous en mettiez davantage ils ne seraient pas couverts en entier,
et par conséquent ne viendraient pas à bien.

Comme le canard est un excellent manger,
je vous conseille de faire couver vos cinq
canes, ou, si elles n'y sont pas toutes disposées, ce sera le cas de mettre le reste de
vos œufs sous des poules, le même jour que
les canes auront commencé à couver, afin
que les petits éclosent en même temps, et
que vous puissiez les réunir à ceux des canes,
qui s'en chargeront volontiers.

L'incubation est de trente jours ; pendant
ce temps il faut veiller à ce que rien ne les
trouble, et leur donner deux fois le jour,
dans l'étable, quelques poignées d'avoine
dans une grande terrine d'eau ; cette nourriture est celle qui leur convient le mieux.

Avant de parler de l'éducation des canetons, il est bon de vous prévenir que, pour
les élever avec succès, il faut que votre

basse-cour renferme un petit canal ou bassin qui ne tarisse jamais. Si vous ne jouissez pas naturellement de cet avantage, vous devrez en faire creuser un, et garnir les bords, ainsi que le fond, d'une couche de glaise battue et corroyée, de dix-huit pouces d'épaisseur. Le devant de ce bassin ne doit point avoir de rebord, mais aller en pente douce, pour que les animaux puissent y descendre et en sortir sans risquer de se noyer. La pierre peut remplacer la glaise, vous choisirez le moyen le moins dispendieux d'après les ressources du pays. Il faut aussi avoir un puits à pompe, tant pour remplir le bassin lorsqu'il se desséchera, que pour fournir à l'abreuvage des bestiaux dans les étables.

Je reviens à l'éducation des canetons. Aussitôt qu'ils sont éclos on laisse la trappe de la porte ouverte, si le temps est beau et sec, afin que la mère les mène à l'eau, ce qu'elle fait ordinairement de suite ; j'ai dit : si le temps est beau et sec, car l'eau de la pluie leur est si nuisible durant le premier mois qui suit leur naissance, qu'elle les fait quelquefois périr ; chose qui paraîtra extraordinaire puisqu'ils vont à l'eau en naissant et qu'ils sont éminemment aquatiques ; mais c'est un fait, et contre un fait il n'y a rien à objecter. L'eau dans laquelle ils plongent ne mouille point leur plumage et celle de la pluie ne se sèche point sur eux ; ce serait aux physiciens à en expliquer la cause. En attendant je vous engage à les faire rentrer aussitôt qu'il bruine, jusqu'à ce qu'ils aient atteint cinq à six semaines.

La nourriture qui leur convient le mieux dans le commencement, et qui doit leur être administrée peu à la fois et souvent, est le pain trempé dans du lait écrèmé [1], de l'orge bouillie, des pommes-de-terre cuites, écrasées et tièdes. Le second mois : du caillé dans lequel on met du son, de l'avoine et du sel ; cette pâtée est fort de leur goût et les fait profiter à vue d'œil ; ensuite, l'avoine, le sarrazin, les pommes-de-terre et les choux cuits ; les fruits, les glands, la salade les engraissent à merveille et ce mélange d'alimens donne à leur chair une saveur plus délicate. Madame Gacon Dufour

---

[1] Voici plusieurs fois que j'indique du lait écrèmé ; on sent bien que c'est par économie, et non par précepte.

dit que le jeune trèfle est excellent pour les engraisser ; on peut s'en rapporter à elle, puisqu'elle a vécu dans un pays renommé pour ce genre d'industrie. Les canards domestiques ne sont bons que depuis août jusqu'en janvier, époque à laquelle ils commencent à sentir le besoin de se reproduire ; c'est donc dans cet intervalle de six mois, qu'il faut s'occuper de les engraisser. Il n'est point nécessaire de les enfermer pour cela ; il suffit qu'ils mangent beaucoup ; mais comme il serait fort dispendieux d'en nourrir vingt ou trente à la fois à discrétion, vous devrez en faire coucher cinq à six séparément, auxquels on donnera trois repas dans leur étable, au lieu de deux. En entretenant ce nombre complet, vous aurez toujours à votre disposition des canards gras et excellens sans que cela vous coûte au delà de ce qui est inévitable.

Vous garderez vos vieilles canes pour couver tant qu'elles seront bonnes, et vous vous arrangerez pour qu'en février il ne reste plus qu'un seul mâle, qui aura été choisi comme étant le plus gros et qui aura le plumage le plus analogue à celui de l'espèce sauvage : c'est une chose à observer aussi relativement à celui des canes pondeuses.

Il est encore utile, avant de finir cet article, que vous sachiez qu'il y a deux espèces de canards domestiques, l'une grosse, l'autre petite, l'avantage de n'élever que des premiers est assez grand pour mériter votre attention.

### Des dindons.

Pour peu que vous ayez dix à douze dindons, vous serez obligée de les tenir dans un lieu entièrement séparé de votre basse-cour, sans cela ils tueraient vos poulets, vos canetons et même vos poules.

Il faudra dans ce lieu un gros arbre ou un échafaudage élevé pour les faire jucher, car le dindon a besoin de coucher en plein air pour se bien porter et engraisser : néanmoins, un petit hangar couvert seulement par-dessus, devient nécessaire pour les abriter quand il survient des pluies continues. Il faut aussi une petite étable pour les couveuses.

La dinde pond dix-huit à vingt œufs,

quelquefois davantage ; on les retire à mesure qu'elle les fait et on les met en réserve.
Aussitôt que sa ponte est finie elle cherche
à couver ; on lui fait alors avec de la paille
dans l'étable destinée à cet usage, un nid
large et profond dans lequel on met quinze
et jusqu'à vingt œufs ; mais sur ce nombre
il n'y a guère que dix à douze dindonneaux
qui parviennent à trois mois.

L'incubation est de trente jours ; si les
petits ne sont pas éclos le trente et unième,
il faut lui remettre de nouveaux œufs
sans l'ôter du nid et lui couvrir la tête
pendant l'opération, sans quoi elle renon-
cerait.

De tous les oiseaux domestiques, le dindon est le plus délicat dans sa jeunesse, et le
plus robuste quand une fois *il a pris le rouge ;*
ce qui a lieu à deux mois ; jusqu'à cette époque
on fait coucher les dindonneaux à l'étable,
dans laquelle on place alors quelques juchoirs ; on les y fait rentrer aussi toutes les
fois que le temps est à la pluie. Leur nourriture doit différer selon l'âge qu'ils attei-
gnent, et l'on ne peut s'écarter de tous ces
préceptes sans courir le risque de les perdre.

Depuis leur naissance jusqu'au temps où ils poussent le rouge on leur fait une pâtée composée de pain, de son, de persil haché, d'un peu de sel, et de jaunes d'œufs durs dans la proportion de quatre pour quinze dindonneaux; on peut, au lieu d'eau, y mettre du caillé pour la mouiller; on leur donne de cette pâtée soir et matin, et de l'orge bouillie à midi. On les mène paître deux fois le jour aux heures où il n'y a *point de rosée* et quand le temps est beau.

Dès que le rouge commence à pousser, ils prennent un air triste et languissant; il faut alors leur donner tous les matins du pain trempé dans de l'eau et du vin; à midi de l'orge sèche et le soir la pâtée ci-dessus sans oublier le sel. Cette espèce de maladie dure environ quinze jours après lesquels on les laisse coucher dehors, et on les soumet à la nourriture ordinaire qui consiste en orge, glands dans la saison, pommes-de-terre cuites, et principalement la pâture dans les prés, chaumes et taillis où ils trouvent des sauterelles, des grillons, et une infinité d'insectes dont ils sont très-friands.

Quand on veut les engraisser on les laisse dans leur basse-cour, on double leur nourriture et on y ajoute des orties hachées mêlées avec de l'avoine, du son et du fromage blanc.

Vous devez conclure de tous ces détails, combien il est dispendieux et embarrassant d'élever des dindonneaux : il n'y a de bénéfice à le faire qu'en grand et pour les vendre dans la saison où ils sont chers, après les avoir engraissés ; les soins à leur donner exigeant l'emploi presqu'entier du temps d'une personne, il en coûte autant sous ce rapport d'en élever dix ou douze que cent ; c'est cette raison qui m'a déterminée à ne plus faire couver des dindes chez moi, mais à acheter chaque année, pour ma consommation, dix à douze dindonneaux lorsqu'ils ont acquis trois mois ; à cette époque, on se les procure à bon marché, et ils ne demandent plus aucun soin que celui de leur donner amplement à manger.

On les fait coucher dehors, sur un arbre ou une longue perche plantée verticalement et garnie de bâtons en travers. Vous pourriez sans inconvénient les laisser dans votre première cour, pour les séparer des autres volailles, qu'ils battraient et affameraient comme je l'ai déjà dit ; du reste, ils paîtraient sur vos gazons sans y porter le moindre préjudice.

### Des oies.

En fait d'oiseaux, il ne me reste plus qu'à parler de l'oie, mais je ne crois pas cet animal propre à faire partie de la basse-cour d'une maison de campagne.

On ne nourrit point les oies à la cour, parce qu'elles dévoreraient à elles seules autant que toutes les autres volailles ensemble ; mais elles vont paître sur les chaumes, les chemins et les prés, où leur fiente brûlante fait un tort considérable ; le soir, elles reviennent d'elles-mêmes coucher à l'étable dans laquelle elles sont nées.

L'incubation de l'oie est de trente jours, la mère prend seule le soin de ses oisons, et les ramène sous le couvert, si le temps est mauvais ; il faut néanmoins, pendant les premiers mois, leur donner une fois le jour du pain et du son délayé dans du caillé.

On élève les oies en troupeaux, pour en tirer la plume ; cette spéculation entre dans les attributions de la maîtresse de ferme.

L'oie est un fort mauvais manger, à moins qu'elle ne soit arrangée en *pots*, comme cela se pratique à Toulouse ; mais sa graisse est excellente dans les ragoûts, et pour ces deux usages, il suffira que vous en engraissiez quelques-unes dans un lieu fermé et obscur; la meilleure époque pour cela est de novembre en janvier. La manière est très-simple, du moins voici celle qui me réussit : je leur donne à discrétion de l'avoine qu'on met dans une grande terrine d'eau et de lait écrèmé; comme elles sont très-voraces, elles mangent avec avidité pendant vingt à vingt-cinq jours, et lorsqu'elles ont mangé chacune la valeur d'un double décalitre, l'engrais est à son plus haut degré. Il faut alors les faire tuer toutes à la fois, autrement l'ennui les prend et elles maigrissent aussi vite qu'elles ont engraissé.

Vous ferez mettre leurs plumes en réserve, ainsi que celles de tous les canards qu'on

consommera chez vous. On doit plumer
ces oiseaux lorsqu'ils sont encore *chauds*,
parce que la plume vive est meilleure, et
je crois, malgré ce qu'on en dit, que cela
revient au même que si on le faisait avant
de les tuer. Quant à moi, j'ai adopté ce
terme moyen, que je regarde comme une
concession faite à l'humanité.

### Loge à porc, et engraissement d'un cochon.

La loge à porcs sera dans la basse-cour
commune; sa construction est simple, et
pour un seul cochon on ne lui donnera
que six pieds de profondeur sur quatre à
cinq de largeur et cinq de haut; on mettra
au milieu un grattoir, c'est-à-dire une pièce
de bois en chêne de quatre pouces d'équa-
rissage, placée verticalement et fixée de
manière à ce que le cochon ne l'ébranle pas
en s'y frottant.

Le sol doit être élevé et bien battu,
car l'humidité est aussi contraire aux porcs,
que la grande chaleur. Il y aura dans le
haut de la porte une ouverture d'un pied
carré. Dans l'intérieur de la loge, et près de
l'entrée, on mettra deux auges; l'une pour

les buvées, l'autre pour la nourriture consistante.

Je pense que vous aurez assez d'un cochon pour la consommation de votre maison ; mais, s'il vous en fallait deux, je vous engagerais à ne pas les engraisser en même temps , mais à deux époques également éloignées l'une de l'autre : comme en mars et octobre. Je vous conseille aussi de ne pas chercher à leur faire atteindre le plus haut degré de graisse, cet excès nuit à la délicatesse de la chair , et un lard trop épais n'est bon qu'à faire des bardes ; un cochon d'un an à demi-gras est à préférer, sous tous les rapports ; pour l'amener à ce point il ne faut que six semaines, ou deux mois tout au plus, en suivant le procédé que je vais vous indiquer ; octobre est la saison la plus favorable pour le mettre en pratique, tant à cause de la fraîcheur qui commence à régner , que pour la quantité de fruits et de légumes qui abondent à cette époque.

Vous ferez l'achat d'un cochon de dix mois, qui ait la soie brillante, les oreilles pendantes, le corps allongé, la peau rougeâtre et flexible.

Vous ferez garnir sa loge d'une bonne litière, et vous veillerez à ce qu'on lui mette tous les soirs de la paille fraîche ; son étable sera nettoyée de fond en comble, une fois par semaine comme les autres.

Pendant la première quinzaine, on lui donnera matin et soir un demi-décalitre de son dans dix litres d'eau ou de petit lait : on lui mettra dans l'auge aux buvées toutes les eaux des lavures de vaisselle qui sortiront de la cuisine ; et dans la journée, il mangera des légumes, racines, épluchures, fruits tombés, etc., dans la proportion de douze à quinze livres. Les buvées et les alimens cuits seront donnés tièdes ; rien ne contribue davantage à l'engraissement.

La seconde quinzaine, on remplacera le son matin et soir, par huit livres d'orge moulue et bouillie dans une égale quantité d'eau que ci-dessus, et l'on continuera de donner quinze livres de légumes, etc., ayant l'attention de les varier pour aiguiser l'appétit.

La cinquième semaine, on augmentera de deux livres chaque ration d'orge moulue, et dans la journée on lui donnera douze livres de gland ; cette nourriture se continuera jusqu'au moment où l'on jugera convenable de le tuer, ce qu'il faudrait nécessairement hâter, si son appétit diminuait, car dès lors il maigrirait.

On sent bien que les alimens indiqués ici ne sont pas de rigueur, et qu'on peut, en observant les quantités et la gradation, donner tous ceux que fournit le local et qui ont à peu près les mêmes propriétés : celles de contribuer à l'engraissement sans nuire à la qualité du lard ; les substances huileuses sont à rejeter, comme ayant cet inconvénient.

Voici les meilleures : le son, l'orge moulu et en grain, l'avoine, le gland, le maïs bouilli, le topinambour, la pomme-de-terre *cuite*, mais en petite quantité ; les carottes, les navets, les fruits de toute espèce, les pois, les fèves et les haricots cuits, le petit-lait, le caillé, l'eau de vaisselle.

### Du clapier, et des lapins domestiques;

Le lapin domestique est à mon avis un très-mauvais manger, et les soins qu'exige un clapier sont minutieux et assez dispen-

dieux , mais comme votre goût peut différer du mien, et que je ne dois chercher à
l'influencer que pour des choses qui me paraissent d'une utilité absolue, je ne crois
pas pouvoir me dispenser de traiter cet
article à la suite des autres.

La race du lapin est une des plus fécon-
des ; la femelle porte trente à trente - un
jours, et au bout de trois semaines qu'elle
a mis bas, on peut la faire couvrir encore :
elle est donc en état de faire au moins 6
portées par an, de chacune 6 lapereaux ;
total, 36. D'après ce calcul, j'estime que
vous auriez assez de deux femelles et d'un
mâle..... Néanmoins, je décrirai un clapier
pour quatre.

Il ne s'agira point pour une si petite
quantité, de faire une garenne domestique
sous terre, creusée à grands frais jusqu'à
six pieds, entourée de murs, pavée, etc.
Une chambre bien carrelée, de neuf pieds
de profondeur sur six de large, suffira
pour trois ou quatre mères. Vous ferez
construire en briques, le long d'un des côtés, quatre loges de dix-huit pouces en
carré, dont le devant sera ouvert. A trois

pouces au-dessus de terre, on placera dans ces loges un fond de planche percé de trous, pour laisser écouler l'urine, on le garnira de paille fraîche qu'on renouvellera toutes les fois qu'il sera nécessaire.

L'humidité étant essentiellement nuisible à la prospérité des lapins, comme à la bonté de leur chair, tous vos soins devront tendre à leur procurer une retraite sèche et aérée ; pour y parvenir, le carrelage de la pièce devra aller en pente depuis les loges jusqu'au côté du mur opposé, au bas duquel sera une rigole qui aboutira en dehors et conduira les eaux dans la basse-cour ; en-dessus du même côté, on attachera dans le mur, à six pouces d'élévation, un petit râtelier assez saillant pour que les lapins ne soient pas obligés de se mettre dans la rigole pour atteindre leur nourriture ; c'est dans ce râtelier que les herbages de toute espèce devront être mis.

On couvrira le carrelage de paille bien sèche, on en remettra tous les soirs de nouvelle sur l'ancienne, et l'on enlèvera le fumier de fait en comble le jour de la semaine fixé pour cette opération générale.

Vous ne devez point lésiner sur cette consommation de paille que je vous indique avec profusion ; elle est tout bénéfice pour vous, et il est de votre intérêt d'en convertir le plus possible en fumier, pour subvenir à l'entretien de vos jardins. D'ailleurs plus vos animaux seront propres, plus ils prospèreront.

La porte du clapier sera à claire-voie et placée au midi. A côté, ou plus loin selon que votre local le permettra, vous ferez arranger un autre petit clapier semblable au premier ; mais sans loges, dans lequel on tiendra les jeunes lapereaux destinés à la cuisine ; c'est à un mois qu'on doit les séparer de la mère.

Il faudra aussi avoir une petite loge à part, de quatre pieds en carré, pour le mâle, qui ne doit point être en communauté avec les femelles, dont il troublerait les fonctions de mères ; il est nécessaire qu'il soit tenu propre et soigné comme elles ; lorsqu'on veut faire couvrir une femelle, on la lui conduit le soir, et le lendemain, dès le matin, on la lui ôte.

Les femelles ne sont productives que

pendant cinq à six ans. Elles ne doivent faire leur première portée qu'à six mois , et lorsqu'elles sont de plus de six petits, il est bon d'en supprimer le surplus, ceux qui restent en deviennent plus gras et la mère se fatigue moins.

Pour pallier autant que possible le mauvais goût de la chair des lapins domestiques, il faut leur donner des herbes aromatiques et des légumes d'une saveur relevée et parfumée; surtout, prohibez scrupuleusement le chou, le navet, le topinambour, même la pomme-de-terre qui, j'en ai l'expérience, étant donnée crue, communique un très-mauvais goût à la chair des animaux. Le serpolet, le thym, la marjolaine, le fenouil, le cerfeuil, persil, céleri, laiteron, trainasse, betteraves, carottes, feuilles et racines; le sain-foin, la luzerne et le trèfle secs ou verts, le son et l'avoine, voilà à peu près les seuls alimens qui doivent entrer dans le clapier. Les heures les plus convenables pour les leur donner sont, le matin, au soleil levant et le soir; on doit avoir une grande attention de faner un instant, au vent ou au soleil, toutes les plantes fraîches, avant de les mettre dans le râtelier, parce que les herbes mouillées donnent aux lapins, des maladies souvent mortelles; il faut aussi que leur eau soit claire et pure et la renouveler tous les jours; on a pour la mettre une petite auge en pierre, qu'on place assez près de la porte, pour pouvoir la vider sans causer trop de trouble dans le clapier.

Le son et l'avoine, auxquels on ajoute un peu de sel, sont la principale nourriture des mères pendant l'allaitement; on la leur donne dans une écuelle de bois plate et assez pesante, pour qu'elles ne la renversent pas.

Aussitôt qu'on a tué un lapereau, on doit le vider et lui mettre dans le ventre, du thym, du laurier, du basilic, du poivre et du sel.

### De la basse-cour.

Ayant terminé la description des étables dont l'entrée donne uniquement dans votre basse-cour, il faut maintenant s'occuper de la manière dont celle-ci doit être arrangée, pour que les animaux qui y seront habituellement renfermés y trouvent tout ce qui est convenable et nécessaire à leur prospérité.

D'abord, elle doit être spacieuse et close de tous côtés, avoir une petite porte de communication avec la cour de la maison et une grande porte charretière, donnant sur l'extérieur, pour entrer et sortir les fumiers; auprès de cette dernière sera une loge de chien.

J'ai déjà parlé du bassin naturel ou artificiel, qu'il est urgent d'y établir. Du côté le plus ombragé de ce bassin, il faut une pièce de gazon de la grandeur du quart de la cour : les poules et les canards aiment à paître l'herbe au printemps ainsi que pendant les grandes chaleurs, et puisque vous les tenez enfermés, vous devez tâcher au moins de leur procurer une partie des avantages qu'ils trouveraient en plein champ.

Aux environs de ce bassin, vous ferez planter à quatre toises les uns des autres, quatre mûriers noirs à gros fruit : ces arbres servent à abriter les volailles dans les jours longs et chauds, et les mûres sont pour elles une nourriture agréable et rafraîchissante.

La fosse à fumier doit être placée à portée de recevoir les eaux qui sortent de la rigole de l'écurie, et de grandeur proportionnée à la quantité de fumier que vous pouvez faire, de manière à ce qu'il ne s'élève jamais à plus de deux pieds au-dessus du sol de la cour, sans cela il se dessécherait; cependant, il ne faut pas qu'elle soit très-creuse, parce qu'alors l'eau y séjournerait et on ne tirerait de ce fond, qu'un fumier froid et sans vertu. Le soin des fumiers est une des choses les plus intéressantes, puisque c'est sur eux que se fonde l'espoir de toutes vos récoltes, et que leur qualité tient à la manière de les administrer: j'en parlerai en temps et lieu.

Le reste de la basse-cour n'a besoin que d'être épierré et râtelé de temps en temps.

### Second côté de la cour d'entrée.

La clôture du second côté de votre cour se formera des bâtimens, contenant les lieux d'aisance, la remise, le bûcher, la serre des légumes, la grange à foin et à paille, et enfin le hangar.

Les lieux d'aisance seront divisés en deux

parties par une cloison ; un des côtés sera destiné aux domestiques, l'autre aux maîtres, et fermera à clef.

Il n'est pas nécessaire de creuser des fosses ; le derrière doit simplement être ouvert sur un endroit caché et non fréquenté, on le nettoyera chaque hiver pendant la plus forte gelée, et l'on portera ce fumier sur les composts.

Il est inutile de décrire la remise ni le bûcher, il suffit que celui-ci soit assez vaste pour tenir à couvert votre provision de bois.

### Serre des légumes.

La serre des légumes tels que pommes-de-terre, betteraves, etc., doit fixer votre attention, car c'est de sa bonté que dépendra toute l'économie de la nourriture de vos animaux pendant huit mois de l'année. Il faut qu'elle soit sèche et à l'abri de toute gelée. La meilleure manière serait de la voûter, mais si vous n'en avez pas la possibilité, il faudra au moins qu'elle soit plafonnée, que les murs soient épais de deux à trois pieds, et qu'elle ait double porte. L'air ne doit pas plus y pénétrer que dans le fruitier , parce qu'il accélère la végétation des plantes et par conséquent nuit à leur conservation. Le sol doit être plus élevé que celui de la cour, bien sec et bien battu.

Dans un lieu semblable je conserve des pommes-de-terre bonnes à manger jusqu'au 15 septembre, tandis que dans une cave ou souterrain on a bien de la peine à les faire aller à la Saint-Jean.

### Grange à foin et à paille.

Il y a des pays où l'on tient le foin et la paille dans des greniers ; rien n'empêche que vous vous conformiez à cet usage s'il est établi dans votre canton, mais sans cela je ne vois pas la nécessité d'en faire construire un : je trouve au contraire qu'il est fort incommode de faire hisser les bottes à quinze ou dix-huit pieds de haut, et de les faire jeter par une lucarne ou descendre avec une poulie, toutes les fois qu'on en a besoin. Le foin se conserve tout aussi bien dans une grange sèche, aërée et bien entretenue, sur-tout si on a le soin de placer sous le premier rang une espèce d'échafaudage fait avec des mauvais bois de rebut.

Une grange de vingt-quatre pieds de large sur trente de long et quinze d'élévation, peut contenir quinze milliers pesant de foin et huit milliers de paille.

### Du hangar.

Le hangar est de première utilité dans une maison de campagne ; il ne saurait être trop vaste. Quarante-huit pieds de long sur quinze de large sont la plus petite dimension que vous puissiez lui donner. Ordinairement il est ouvert de tous côtés, mais comme le vôtre fait partie de la clôture de votre cour, le fond devra être plein. On soutient la toiture sur le devant par des piliers d'une force relative et espacés de six a huit pieds.

C'est sous ce hangar qu'on mettra à l'abri les bois de charpente, que la prévoyance veut que vous ayez en reserve pour le besoin de vos réparations. On doit les ranger dans un des côtés par ordre de grosseur et de longueur, de manière à les trouver sous la main lorsque le cas de les employer se présente.

C'est là aussi que tous les outils de jardinage doivent être accrochés et rapportés à la même place toutes les fois qu'on a cessé de s'en servir ; sans cette précaution, les ouvriers perdent une partie de leur temps à les chercher ; enfin, c'est là qu'ils doivent travailler à refendre du bois, raccommoder les outils, faire des claies, des paniers, des paillassons, etc., quand la pluie les empêche de s'occuper au dehors. A cet effet on tient le milieu du hangar toujours propre et non encombré de différens objets.

On place en travers sur les poutres, les pièces de bois trop longues pour être mises en bas dans la largeur du hangar.

D'après cette explication vous devez sentir toute l'importance de ce bâtiment et faire les sacrifices nécessaires pour vous le procurer s'il n'existe pas déjà dans votre local.

### Des chiens de garde.

Votre cour étant close ainsi que la basse-cour, la prudence exige que vous ayez encore pour plus de sûreté, au moins deux chiens de garde ; les meilleures races sont celles du dogue et du mâtin. Vous leur

ferez mettre à chacun un fort collier recouvert de pointes de fer, et fermé d'un
cadenas dont vous prendrez la clef. Il est
nécessaire de les attacher pendant le jour
pour empêcher qu'ils ne se familiarisent avec
les allans et venans, ce qui ne remplirait
pas le but pour lequel on les élève. Devant
être retenus toute la journée à la chaîne,
il faut que leurs loges soient assez grandes
pour qu'ils s'y trouvent à l'aise; qu'elles
soient garnies chaque semaine de paille
fraîche et abondante; qu'on place à côté
et à l'ombre une auge pleine d'eau propre.

Une livre et demie de gros pain bis
donné en deux soupes, l'une le matin, l'autre
à quatre heures, suffit pour entretenir le
plus gros chien en bon état : bien entendu
que cette soupe sera faite avec une eau
grasse et qu'on lui donnera en sus, tous
les gros os cuits qui sortiront de la cuisine.

Le soir on lâchera ces chiens et vous
serez sûre qu'au plus petit bruit ils aver-
tiront.

Ceci m'amène à vous avertir aussi de la
nécessité d'avoir au moins cinq à six chats :
non pas des angoras choisis pour leur beauté,

mais de ceux reconnus pour prendre le plus de souris. On leur donnera la soupe tous les matins, et on la leur mettra dans l'endroit où il est urgent de les attirer. Ils ne devront jamais entrer dans les appartemens, où ils feraient des ordures et gâteraient les meubles. Les corridors, greniers, granges, remises, etc., seront les seuls lieux de leurs exploits. On les traitera avec douceur, mais on ne les caressera point : un chat trop familier ne prend plus les souris.

Si vous suivez mes avis, tous les animaux inutiles et de pur agrément seront bannis de chez vous ; ils nuiraient nécessairement à l'entretien de cette propreté qui doit régner dans toute votre habitation. Vous seriez obligée de leur donner une partie d'un temps précieux, et vous en deviendriez esclave ; enfin, ils occasioneraient la mauvaise humeur des domestiques, d'où naîtrait un mécontentement qui vous les ferait renvoyer, sans songer que cette action ne serait au fond qu'un véritable sacrifice fait à un carlin, un singe ou un perroquet. En général, toutes les choses futiles ne laissent à la longue que du vide et des regrets.

Du

Du choix des domestiques, des qualités qu'ils doivent
avoir, et de la manière d'être avec eux.

J'ai dit dès le commencement que je vous
engagerais à ne point amener à la campagne
des domestiques de ville, soit hommes, soit
femmes ; je dois motiver cette exclusion.

Les domestiques de ville ont des fonctions fixes qui leur sont assignées en entrant,
et lorsqu'ils les ont une fois remplies avec
exactitude, on n'a plus rien à exiger d'eux ;
ils obtiennent alors la permission d'aller se
promener, ou bien ils demeurent à la maison
dans l'inaction. A la campagne, il serait impossible d'établir un tel ordre de choses,
sans renoncer à l'avantage attaché à la vie
champêtre, celui de mettre à profit tout le
temps qui nous est accordé par la succession
des jours ; et si l'on voulait soumettre à ce
travail, non pas égal, mais du moins con-
tinu, des gens habitués, je puis dire, à la fai-
néantise, on perdrait sa peine et ce qu'il y a
de pis, on alimenterait les jalousies et on in-
troduirait un exemple pernicieux parmi une
classe essentiellement laborieuse.

Je ne m'adresse point ici à une dame de

château, mais à une maîtresse de maison qui i
aspire à mériter le titre de bonne ménagère, .
et qui m'écoutera avec intérêt toutes les fois ?
que je lui parlerai d'ordre et d'économie ;
sans cette assurance je n'entreprendrais pas
de traiter cette matière d'une manière qui
paraîtra nouvelle, puisque j'établis des principes entièrement opposés à l'usage existant,
comme vous allez le voir.

Je n'admets point de femme de chambre
en titre, ni d'homme attaché au service de
la chambre. Une fille de chambre, une cuisinière, une femme de basse-cour, un jardinier homme de confiance, et deux journa-
liers, forment à mon avis un état de maison
bien suffisant pour le service de trois maîtres
et l'entretien de tous les jardins ; j'en ai
l'expérience. Il ne s'agit pour cela que de
savoir administrer : c'est ce que je tâcherai
de vous indiquer le mieux que je pourrai.
Mais tous les préceptes ne produiront rien,
si vous n'avez pas le sentiment de la possibilité de l'exécution.... J'ai remarqué que ce
sentiment est presque toujours suivi de la
réussite de ce qu'on entreprend.

La fille de chambre sera chargée de faire

les appartemens, de balayer les corridors
et les escaliers; de mettre le couvert, de l'ôter
et de servir à table; de savonner, repasser,
plier le linge et de vous le rendre appareillé
à chaque lessive. Lorsque son ouvrage journalier sera fini, elle raccommodera le linge
que vous lui donnerez à cet effet, ou elle en
fera du neuf, selon que vous le jugerez à
propos. Elle doit être d'un âge raisonnable,
douce, d'une propreté grande, qui tienne
plutôt à sa nature qu'à l'obligation de l'être.

La cuisinière n'aura d'autre fonction que
celle de sa cuisine, mais elle y exercera une
espèce de surveillance qui l'occupera suffisamment si elle la remplit avec l'exactitude
requise : c'est pour cela que j'ai placé sa
chambre à côté de la cuisine. C'est elle
seule qui doit régler, d'après vos ordres, la
nourriture des domestiques et la distribuer;
personne ne doit toucher à rien, ni entrer
ni sortir qu'elle n'y ait l'œil. Levée la première elle doit se coucher la dernière et
fermer la porte en dedans. Je n'ai pas besoin
de dire qu'il faut qu'elle sache très-bien faire
la cuisine; mais une chose à observer, c'est
qu'elle n'ait point la vanité de croire tout

savoir, et de vouloir plier votre goût a sa science…. elle doit apprendre avec docilité les mets et les ragoûts particuliers que vous voudrez lui enseigner.

La batterie de cuisine, la vaisselle, les fourneaux, la table, le billot doivent toujours être tenus dans la plus grande propreté et chaque chose à sa place, excepté à l'heure de faire le dîner.

Vous sentez que pour remplir convenablement cette place, il faut une femme mûre, fidèle à toute épreuve, économe, douée d'un esprit d'ordre très-rare chez les domestiques; et si une fois vous avez le bonheur de posséder une telle femme, ménagez-la et faites qu'elle s'attache à vous pour la vie.

La femme de basse-cour étant destinée aux ouvrages les plus pénibles, doit être forte, active, patiente et douce avec les animaux dont elle aura le soin exclusif. Elle doit surtout être docile dans l'exécution de toutes les règles que vous lui prescrirez relativement à leur direction. Ne souffrez jamais que vos domestiques régissent, quel que soit le degré de leur intelligence : vous devez donner l'impulsion générale et conserver scrupuleusement cette priorité ; sans cela vous verriez naître les abus à chaque pas. La femme de basse-cour lavera aussi la vaisselle, récurera, et fera l'ordinaire seulement des deux ouvriers que vous ne nourrirez pas, mais qui mangeront chez vous.

Nous n'entendrons pas par votre jardinier, un homme uniquement occupé du jardin, faisant le savant et l'entendu, buté à sa routine et s'établissant le maitre dans votre jardin. Il devra être docile comme le reste de vos gens ; il connaîtra le maniement de la terre, l'ordre successif des semis et des récoltes, mais il n'aura point de système à lui, et quand vous lui direz de faire telle chose de telle manière il obéira sans murmurer ; d'ailleurs il sera aussi bien domestique que jardinier, vous lui apprendrez le service de la table, afin qu'il puisse aider à la fille de chambre les jours où vous aurez du monde ; il pansera le cheval, ira chercher les provisions à la ville. Il doit encore être adroit et intelligent, apprendre à manier un peu le rabot et la cognée, enfin se prêter à tout ce qui peut le rendre utile. Pendant ses absences, les deux ouvriers le remplaceront au jardin.

Je vous ai conseillé de ne point nourrir ces deux hommes, ni ceux que des travaux extraordinaires pourraient vous obliger de leur associer ; ils apporteront chaque semaine leur pain, leurs légumes secs, etc., que la femme de basse-cour accommodera à leur gré. Si vous les nourrissiez ils ne seraient jamais satisfaits ; dans le cas contraire ils seront reconnaissans des plus petits dons de votre part : un peu de vin accordé dans les grandes chaleurs ou lorsque vous les aurez occupés à des ouvrages plus pénibles que de coutume et qu'ils s'y seront prêtés avec zèle ; quelques fêtes de l'année, fixées par vous pour les régaler, vous concilieront leur affection d'une manière certaine ; au lieu qu'en les nourrissant, toutes ces bontés ne seraient regardées par eux que comme des obligations remplies. Si vous ne m'en croyez pas sur ma parole, faites-en du moins l'essai.

Choisissez-les parmi des gens libres, sans femmes ni enfans, d'une probité reconnue, et qui puissent coucher dans votre maison.

Vous ferez marché avec eux à tant par jour, mais à condition qu'ils resteront l'année entière ; vous réglerez le prix de leurs journées d'après la longueur des jours et la saison des travaux de la campagne ; mais vous aurez soin que ce prix soit un peu plus élevé que celui qu'ils trouveraient ailleurs, dans le temps où l'ouvrage leur manque : cet avantage accordé en sens inverse de la coutume leur fera sentir le besoin de vous contenter et de se ménager une maison où ils trouveront à s'occuper toute l'année ; ce qui les engagera aussi à ne vous pas faire la loi aux époques où on les recherche et où on les paye tout ce qu'ils veulent. Lorsqu'ils seront une fois faits au travail de votre maison, vous aurez intérêt à les conserver, mais ils en auront un plus grand encore à rester chez vous.

En agissant ainsi, j'en ai fait travailler sept ou huit ans de suite, et des circonstances impérieuses ont pu seules les décider à me quitter.

De votre manière d'être avec les domestiques et les ouvriers, dépend cette espèse de pouvoir magique que vous devez exercer,

et qui, dans notre sexe remplace avec avantage celui de la force. Cet empire s'acquiert
par la justice et la raison ; il se conserve par
l'égalité de caractère ; il vous est nécessaire,
vous ne sauriez vous en passer, vous femme
et obligée de commander à des hommes
naturellement grossiers, et habitués à faire
peu de cas d'une domination qui n'est pas
masculine.

Un emportement injuste, une condes-
cendance déplacée, peuvent rompre le prestige et c'est un mal sans remède. Une fois
que vous aurez assigné le travail d'un domestique ou d'un ouvrier, ne tolérez point
qu'il s'en écarte ou qu'il le néglige ; mais
aussi commandez toujours avec une sévérité
mêlée d'une certaine aménité. Il y a des
personnes dont les commandemens semblent
menacer d'avance, si on ne les exécute pas :
il faut au contraire que les vôtres soient
accompagnés de cet air de confiance qu'ils
seront exécutés ponctuellement.

Ces gens grossiers en apparence sont
plus physionomistes qu'on ne le pense, et
très-souvent l'expression des traits produit
sur eux plus d'effet que la parole.

Ne souffrez jamais qu'ils vous répondent avec vivacité, encore moins avec impertinence, un seul mot inconvenant lâché par eux doit être une sentence irrévocable de congé; vous ne devez vous départir de cette règle pour aucun motif que ce soit, fût-ce à l'égard d'un ancien et fidèle domestique.... L'exemple est tout : il favoriserait la récidive, et c'est le plus grand mal que vous puissiez redouter.

Mais aussi, vous ne devez jamais donner lieu à ce qu'ils vous manquent, soit en vous familiarisant avec eux, soit en leur disant des choses dures et grossières. Vous devez les prévenir de votre sévérité sur ce point, en les prenant à votre service. Lorsqu'une fois votre inflexibilité là-dessus sera connue, ne craignez pas qu'on vous manque. Depuis seize ans je ne sache pas qu'un domestique ou un ouvrier m'ait répondu, quelque insolent qu'il eût d'ailleurs la réputation d'être chez les autres.

C'est à obtenir cet ascendant dont le prestige a tant de pouvoir, que vous devez travailler. Chez quelques personnes il tient au naturel; chez d'autres il peut s'acquérir par une étude à être toujours égale et juste, comme je l'ai dit plus haut : mais gardez-vous qu'on s'aperçoive de vos efforts pour vous contraindre, ce serait un triomphe que vous laisseriez remporter sur vous, et dont on profiterait infailliblement.

A quelque heure de la journée que ce soit, par quelque temps qu'il fasse, personne ne doit être oisif dans votre maison; vous avez un hangar pour mettre à l'abri pendant la pluie; c'est à vous de veiller à ce qu'il y ait toujours là de l'ouvrage en chantier.

Lorsque les femmes n'auront rien à faire pour votre service, qu'elles travaillent pour elles, point de rémission là-dessus : les heures accordées à l'oisiveté sont employées à mal faire, soyez en sûre; et si vous voulez que vos domestiques apprécient la valeur du temps, donnez-leur l'exemple de n'en jamais perdre vous-même.

N'accordez point de préférence ni de gratifications particulières : tout ce qui peut fomenter les jalousies doit être évité soigneusement. La récompense d'un bon ouvrier est de le garder, et vous devez renvoyer celui dont vous êtes mécontente. Établir l'égalité parfaite de traitement entre eux, est le seul moyen de leur faire concevoir l'idée de la justice ; et la justice exercée avec persévérance gouverne les hommes sans exciter de murmures. Les priviléges font toujours naître des dissensions, fussent-ils la récompense de la bonne conduite.

Lorsque vous réprimandez ou que vous congédiez, conservez un sang-froid et une tranquillité imperturbables ; qu'on voye que c'est un acte de justice que vous exécutez et non un mouvement de colère auquel vous cédez ; vous n'avez pas d'idée de l'impression que produit cette tranquillité ! J'ai vu des ouvriers réputés hardis et insolens se trouver confondus par des observations faites à propos et de sang-froid.

La sévérité que je vous conseille ne ressemble ni à la hauteur ni à la dureté, les nuances en sont bien différentes ! et l'humanité doit se montrer dans toutes vos actions.... Un être souffrant n'a plus de rang ni d'état... Il est pour l'instant notre égal.

Avec une telle conduite, vous acquerrez dans le pays une réputation de justice et

de bonté, qui vous procurera une satisfac-
tion intérieure qu'aucun autre avantage
ne saurait égaler; le paysan vous aimera
et redoutera de vous offenser, même de
vous déplaire, parce qu'il sera assuré que
dans un besoin pressant il trouverait près
de vous des secours et un appui.

De l'administration générale. Ordre des repas et des<br>travaux. Surveillance à exercer.

Comme l'ordre est la principale base de
l'économie, vous devez l'établir et le maintenir dans tous les détails de votre maison.
Les heures des repas seront fixés irrévocable-
ment, et elles seront annoncées au son d'une
grosse cloche qui se fera entendre du lieu
le plus éloigné de votre réserve, c'est-à-
dire de l'étendue de terrain, soit jardin ou
autre, qui sera sous votre administration.
Cette cloche doit être placée en dehors, au
coin de la croisée de votre chambre à coucher, et de manière à ce que, dans un cas
fortuit, ou simplement pour faire venir votre monde, vous puissiez la sonner sans
descendre; vous exigerez que votre jardinier et tous vos ouvriers sonnent chacun un

coup en allant le matin à l'ouvrage, ce qui doit être en tout temps un peu avant le soleil levant; vous ne permettrez pas qu'un d'eux sonne pour les autres, et de temps en temps, vous vous assurerez par vous-même s'ils sont fidèles à cette injonction et s'ils vont directement au travail que vous leur aurez départi à chacun la veille; vous les mettrez aussi sur le pied de venir tous les soirs vous demander vos ordres pour le lendemain matin.

Votre jardinier, travaillant avec les ouvriers, mangera aux mêmes heures ainsi que les domestiques, et leurs repas précéderont les vôtres au lieu de les suivre; je n'ai jamais trouvé convenable cette coutume adoptée à Paris, de faire manger les domestiques après les maîtres; elle intervertit l'ordre naturel, et du repas du soir, qui devrait être le plus court et le plus léger, en fait le plus long et le plus copieux.

Je vous conseille de taxer le pain de vos domestiques, cela remédie à beaucoup d'abus : en général, toutes les fois que vous pourrez vous rendre d'avance le compte exact d'une dépense annuelle quelconque,

faites-le. La quantité à leur allouer varie
selon la qualité ; en gros pain moitié seigle
et moitié froment, un homme de peine peut
en manger quatorze livres par semaine, une
femme neuf ; le pur froment est plus nourrissant. Quant à la boisson, vous vous con-
formerez à l'usage du pays, mais je vous
invite à faire en sorte que ceux qui seront
chez vous s'y trouvent un peu mieux qu'ailleurs.... Je dis un peu, car l'excès dans ce
genre aurait de graves inconvéniens.

Je n'oserais fixer les heures de vos repas,
cependant je voudrais vous engager à les
répartir de manière à ce qu'elles partageas-
sent au lieu de les interrompre, les nombreuses occupations que votre genre de vie
vous imposera.

Permettez moi de vous indiquer celles
que je crois les plus convenables ; je ne vous
les offre pas comme règle, mais comme
avis : dix heures pour le déjeuner, trois
pour le dîner, et neuf pour le souper en
été et huit en hiver.

Je ne pense pas qu'il soit salutaire de ne
faire que deux forts repas dans une journée
de douze à seize heures employées dans un

exercice presque continuel... Peu et souvent
me paraît plus analogue aux lois de la nature;
et moins on s'en écarte sous tous les rapports, plus j'imagine qu'on s'en trouve bien.
Un des plus grands avantages de la campagne
est la conservation de la santé; et cette conservation n'est pas attachée uniquement à
l'air, mais plutôt à la manière de vivre : n'y
apportez donc pas celle des villes.

La première chose que vous devrez faire
en vous levant sera de visiter tous les animaux de la basse-cour, et de vous assurer
si rien n'a été négligé, si chacun a eu la
ration qui lui est assignée, si les étables sont
dans l'état convenable, si les litières sont
rafraîchies suivant la règle que vous aurez
établie. Le mieux encore serait d'assister à
l'ouverture des poulaillers, et de voir donner la pitance. Pendant que les poules seront
occupées à manger, vous lèverez les œufs.

Cette surveillance du matin se renouvellera
à l'heure du second repas, et le soir.

Vous désignerez un jour de chaque semaine pour le curage général des étables,
comme, par exemple, le samedi matin : votre
jardinier le fera conjointement avec un ou-

vrier ; mais les pigeons seront nettoyés par
la femme de basse-cour. Ce jour-là, vous
vérifierez si rien n'a été oublié.

Pendant votre ronde du matin, la fille de
chambre fera votre appartement et mettra
le couvert du déjeuner ; déjeunant à dix
heures, elle aura le temps de tout nettoyer
dans la maison. Les mercredis et samedis,
elle balaiera les greniers de la maison, la
chambre de la lingerie, celle de décharge,
et celles qui ne sont pas habitées... Elle en
essuiera les meubles.

Dans la distribution et l'ameublement de
la maison, j'ai parlé de la propreté, qui ne
peut être séparée de l'ordre ; elle sera un
des principaux articles de votre surveillance.
Vous donnerez un coup d'œil sur les meubles, pour voir s'ils ont été essuyés et frottés, et si tout est rangé à sa place.

Vous empêcherez qu'on jette les balayures
et les eaux par les croisées : on a, pour mettre
celles-ci, deux seaux qui ne servent qu'à
cet usage, et on les vide sur le fumier ; car
il ne faut rien négliger pour augmenter et
bonifier vos engrais. Les balayures sont

excellentes pour cela : on les dépose dans un grand panier bien serré, qu'on fait porter chaque matin par un des hommes.

Votre surveillance ne devra pas se borner à l'intérieur ; elle s'étendra aussi sur le travail des gens que vous occuperez au dehors. Vous ferez des tournées dans vos jardins, et vous en changerez les heures chaque jour, afin que ceux qui voudraient se ralentir ou quitter l'ouvrage soient retenus par la crainte d'être surpris, et il faut qu'ils sachent bien que ce ne serait pas impunément. La première fois que vous en trouverez un en défaut, vous lui ferez sentir par des raisonnemens que vous ne sauriez vous servir que de gens sur lesquels vous puissiez compter, et qui s'occupent en votre absence comme en votre présence ; qu'autrement votre surveillance deviendrait trop pénible, et que vous préféreriez renoncer à les employer. Si cette observation, faite avec fermeté, ne produit point d'effet et que vous le trouviez en récidive, renvoyez-le sans miséricorde ; il vous tromperait toutes les fois qu'il en verrait la possibilité : un tel exemple avertira les autres ; et comme vous aurez soin qu'ils aient intérêt à rester chez vous, ils ne vous donneront pas de sujet de les renvoyer.

Ces détails vous offrent peut-être, au premier aspect, une série d'occupations effrayantes ; je n'ai pourtant pas encore fini. Mais si vous vous trouvez un peu embarrassée dans le commencement, tout s'éclaircira et deviendra facile avec l'habitude et à mesure que vous acquerrez de l'expérience : d'ailleurs, soyez persuadée que, lorsqu'on n'a rien à faire et qu'on n'a pas de devoirs à remplir, on n'est pas heureux.

J'ai omis une chose essentielle ; c'est celle de vous engager à prendre les clefs de tout, même du linge de cuisine : vous en donnerez tant par semaine à votre cuisinière ; vous distribuerez aussi celui des chambres, etc. Toutes les fois que vous en donnerez du blanc, on vous rapportera le sale ; et après l'avoir compté, vous le ferez mettre dans un coffre destiné à cet usage, et qui sera dans la lingerie.

La sujétion d'avoir tant de clefs en garde n'est pas aussi grande que vous pourriez le croire : pour la simplifier, chacune doit être marquée d'une lettre correspondante à celle de la porte qu'elle ouvre. On peut les marquer aisément chez soi, en faisant rougir l'anneau ou la tige, et en appliquant dessus un poinçon qui porte la lettre qu'on veut empreindre. Cette manière est beaucoup plus commode que celle d'attacher des étiquettes en bois ou en cuivre dont le volume est fort gênant.

Vous aurez trois claviers pour enfiler ces clefs ; l'un pour les grosses, l'autre pour les moyennes, et le troisième pour les petites : vous pourrez séparer dans un quatrième celles dont vous aurez journellement besoin. Vous déposerez tous ces claviers dans le petit tiroir dont il a été question à l'ameublement de votre chambre à coucher ; et la clef de ce tiroir, que vous porterez toujours, sera, comme je l'ai dit, la clef de toutes vos clefs.

Il est peut-être à propos d'entrer aussi dans quelques détails sur les jours de réception ; car, ayant un état de maison à administrer et à surveiller sans relâche, il serait impossible, sans que vos intérêts en souffrissent, que vous vous astreignissiez à recevoir les allans et venans quand bon leur semblerait : chose assez en usage à la campagne, lorsqu'on n'a pas la sagesse d'y établir une autre règle.

Je pense donc que vous devriez faire vos invitations le dimanche, et dire à vos convives que, si vous leur assignez un jour fixe, c'est afin de les mieux recevoir, et que vos nombreuses occupations dans le courant de la semaine s'opposeraient à ce que vous fussiez entièrement à eux comme vous le désirez. Pour peu que ces personnes aient du tact, elles devineront votre intention, et s'y conformeront d'autant plus volontiers, qu'elles seront reçues avec empressement aux jours indiqués. De cette façon, vous jouirez de la liberté nécessaire, sans renoncer à la société, et au plaisir, que vous sentirez bien vivement, de montrer vos jardins et de faire admirer l'ordre qui régnera dans toute votre habitation.

J'excepte de cette règle de cérémonie quelques amis intimes qui sont toujours bien venus, n'importunent jamais, et vous suivent dans vos travaux au lieu de les interrompre.

Quoique vous choisissiez pour vos réu-

nions les jours de fêtes et par conséquent
de repos pour vos ouvriers, vous aurez encore la basse-cour et les domestiques à surveiller, et vous devrez de temps en temps
quitter le salon pour aller faire une petite
tournée ; mais comme pour être libre soi-
même, il faut vouloir que les autres le soient,
vous établirez que chacun entrera et sortira
selon son plaisir et sa fantaisie ; cette liberté
que vous accorderez et dont vous userez,
ne vous dispensera pas néanmoins d'occuper
vos convives d'une manière analogue à leur
goût, et de chercher à leur faire passer le
temps le plus agréablement possible ; en
conséquence, vous aurez dans vos jardins
des jeux d'adresse et d'exercice, un bateau
sur le canal, pour amuser les jeunes gens ;
l'escarpolette et la promenade des bosquets
serviront à récréer les dames ; dans le salon, des tables de jeu pour les gens âgés ;
mais vous ne jouerez jamais, à moins que
cela ne devienne nécessaire, par égard pour
une personne très-âgée ou infirme : l'application du jeu est trop fastidieuse pour un
esprit actif comme le vôtre doit l'être.

Vous bannirez la cérémonie de chez vous,

et vous n'admettrez que la politesse de l'obligeance, qui est la seule vraiment aimable.

Avec cette manière d'être, je crois pouvoir vous assurer que chacun sera satisfait de vous et de *lui-même*; ce dernier point sera encore votre ouvrage, et c'est en lui que réside la perfection de l'amabilité.

Le lendemain de ces assemblées, vous n'aurez point à regretter la perte d'un jour et vous reprendrez le cours de vos chères occupations avec un plaisir nouveau.

Si j'ai su m'exprimer, le tableau d'une vie semblable doit être engageant et produire sur vous le désir d'en jouir : tel a été mon but; mais aurez-vous assez de vocation pour renoncer à toute espèce d'absences ? car comment quitter un instant une administration que vous seule dirigez, et qui se trouverait suspendue, avec préjudice, du moment où vous l'abandonneriez ? Il n'y en a cependant qu'une que je voudrais que vous fissiez, et d'un mois tout au plus : ce serait un petit voyage à Paris, ce centre de tous les arts, de toutes les sciences, ce foyer de toutes les lumières réunies.

Ce court séjour vous retremperait pour ainsi dire; vous y puiseriez de nouvelles forces et de nouvelles connaissances, pour reprendre vos travaux avec plus de succès... Non Paris, je n'oublie pas que je suis née dans tes murs, et que c'est à l'éducation que j'y ai reçue, que je dois ce goût de la campagne qui fait depuis si long-temps mon bonheur! Si j'eusse été élevée en province je n'aurais pas su apprécier les douceurs de la vie champêtre... car vous observerez qu'en général, ce ne sont que des Parisiennes qui prennent le sage parti de s'y dévouer.

Du linge ; de sa qualité et quantité. Quand et de quelle manière on doit faire la lessive.

Madame Pariset a si bien dit tout ce qu'elle a dit, que je redoute d'aborder les articles qui ont été traités par elle; cependant il faut que mon ouvrage soit complet, et je ne puis omettre de parler du linge. Si mon opinion diffère quelquefois de la sienne à ce sujet, il est très-possible que j'aie tort, mais je dois écrire comme je pense, et je réclame là-dessus toute son indulgence.

Par exemple je suis bien d'avis que, même

à la campagne, où l'excès dans la quantité serait plus motivé qu'à la ville, on doit se borner à n'avoir qu'un peu au delà du nécessaire pour attendre la rentrée des lessives; mais si, comme on a la pernicieuse manie en province, on ne les fait que tous les ans ou tous les six mois, on rentre dans cet excès dispendieux en pure perte. Le linge conservé trop long-temps sale, lors même qu'il est étendu, se gâte et devient très-difficile à nettoyer : et si on le passe à l'eau il éprouve un préjudice encore plus grand, celui d'être frotté et battu deux fois pour une, ce qui le fait durer tout juste moitié moins; je suis étonnée que de bonnes ménagères n'aient pas déjà fait cette observation. J'ai remarqué de plus que cette méthode lui laissait une teinte jaune, et qu'il n'était plus susceptible de reprendre la blancheur de celui qu'on met à la lessive sans cette préparation (au reste, je vous prie de ne juger tout ce que j'avance qu'après en avoir fait l'essai). Il n'y a que les torchons et les tabliers de récureuse que je fasse échanger.

Je vous conseille donc, dût-on se récrier, de faire faire votre lessive tous les mois :

les lessives considérables ne sont jamais aussi
bonnes que celles qui le sont moins ; d'ailleurs, si vous renouvelez le linge aussi souvent qu'il est convenable de le faire, et non
pas avec cette réserve qu'on met en province, votre lessive d'un mois sera déjà
assez forte. Dans tous les cas, soit que vous
adoptiez mon conseil ou non, vous pro-
portionnerez la quantité de votre linge de
manière à ne pas être obligée de le faire
lessiver sans avoir servi ; mais cette quantité une fois réglée, vous l'entretiendrez
toujours au complet, en remplaçant aussitôt que vous supprimerez.

Quant à la qualité, il faut à la campagne
chercher la bonté plutôt que la beauté,
puisqu'on y fait partout de même, et que
ce luxe qu'on étale à la ville n'a souvent
pour but que d'égaler ou de surpasser celui
des autres.

Pour la table, je préfère le gros ouvré
à damier au linge uni : je trouve que celui-ci
n'a jamais autant de blancheur que l'autre,
et qu'il se chiffonne davantage ; il n'est pas
mal aussi que le linge de table se distingue,
au premier abord, de celui destiné aux au-

tres usages. Pour la toilette, je trouve au
contraire l'uni plus convenable, en ce qu'il
sèche promptement, et que je le crois plus
sain. Par la même raison je désapprouve le
linge de corps en coton ; il s'en détache un
duvet qui irrite et enflamme la peau.......
rien ne lui est plus favorable que la toile
lessivée sans être savonnée ensuite, mais ce
n'est qu'à la campagne qu'on peut jouir de
cet avantage, d'avoir du linge très-blanc
sans le faire bouillir dans des eaux de savon ;
et, lorsqu'on est habitué à cette méthode salutaire, on ne peut plus supporter le blanchissage de Paris, qui a toujours une odeur
désagréable, quelque beau qu'il soit en apparence.

En vous engageant à avoir du linge plutôt
bon que beau, je n'entends point parler de
celui de corps ; il peut être aussi fin que vos
moyens le permettront : ce luxe a un agrément auquel il est difficile de résister.

J'enchérirai encore sur M^{me}. Pariset relativement au raccommodage du linge : je
dirai qu'il y a une infinité de pièces qu'il
faut user sans y faire un point, si ce n'est
pour réparer des accrocs ou des brûlures....

Tels sont les torchons, les tabliers de cuisine, ceux d'office et les serviettes idem ; quand ce linge est par trop élimé pour l'usage ordinaire, il devient excellent pour essuyer les choses grossières et il ménage d'autant le bon. En général tout linge élimé n'est plus raccommodable..... les draps seuls peuvent se retourner et durer ensuite encore quelque temps.

### Manière de faire la lessive.

La manière que je vais vous indiquer n'est point copiée sur celle adoptée dans les grandes blanchisseries ; elle est seulement fondée sur le succès que j'en obtiens depuis longues années que je la mets en pratique. Mon linge se conserve au-delà du terme ordinaire, et il est toujours de la plus grande blancheur, que pourriez-vous désirer de plus ? et, comme ma méthode est en outre simple et peu dispendieuse, tout s'accorde pour que vous l'adoptiez.

Il est, je crois, inutile de dire que vous devez faire compter le linge devant vous, l'écrire de votre main, et faire séparer chaque espèce par paquets. Vous ne ferez point attacher les torchons ni les serviettes par quatre ou six comme quelques personnes le font : toutes les pièces doivent être séparées pour se mieux nettoyer.

Lorsque vous aurez fixé les époques de vos lessives, et calculé plutôt en plus qu'en moins la quantité de linge qui y entrera, vous aurez un cuvier de grandeur analogue ; car, pour qu'une lessive soit parfaitement bonne, il faut que le vaisseau qui la contient se trouve, le linge étant bien tassé, plein jusqu'à trois pouces du bord, espace nécessaire pour recevoir la cendre.

Si vous faites la lessive plus rarement que je ne l'indique, vous ferez bien d'avoir deux cuviers, non pas pour séparer le linge fin de celui de cuisine, car au lieu de nuire ce dernier sert à préserver l'autre de l'effet trop direct du salin, mais parce que comme je l'ai dit, une moyenne lessive est meilleure qu'une trop considérable ; et la raison en est simple : si l'eau a un trop grand espace à traverser avant d'atteindre le fond, elle n'y arrive que froide, et si pour remédier à cet inconvénient on la verse bouillante, le dessus est brûlé sans que le fond et même le centre

aient encore acquis le degré de chaleur nécessaire pour bien décrasser le linge ; c'est
pourquoi aussi il vaut mieux que le cuvier
soit large que profond. Il doit avoir en bas
au niveau du fond, une espèce de gouleau
court de dix-huit lignes de diamètre.

On met dans le fond du cuvier trois ou
quatre torchons dont on fait sortir les cornes
par le goulot ; en dessous de ces torchons
et sur l'ouverture du goulot on place l'os
d'une mâchoire inférieure de brebis.... elle
sert à empêcher les torchons de s'affaisser,
et facilite le passage de l'eau qui doit filtrer
doucement pendant douze à seize heures.

On met le linge dans le cuvier, le matin
de la veille qu'on doit couler la lessive ; son
arrangement est la chose la plus essentielle ;
on y procédera de la manière suivante, et
vous le ferez faire devant vous, si vous voulez
que ce soit bien fait. Je ne confie ce soin à
personne, parce que je suis convaincue
qu'aucun détail de ménage ne déshonore
une femme, au contraire.

Vous commencerez par entourer le cuvier d'une chemise ; c'est une enveloppe
de grosse toile qui garnit son intérieur et

déborde de quelques doigts dans le dessus. .
On place d'abord dans le fond les draps de
maître qu'on plie préalablement. (En général
toutes les pièces plus grandes que le diamètre
du cuvier, doivent être pliées, je ne le ré-
péterai plus. ) On les arrange de manière à
égaliser la surface le mieux possible, on foule
avec la main et on remplit les vides ; c'est
de cette exactitude minutieuse que dépend
le succès d'une bonne lessive. Vous donnerez
donc tous vos soins à ce que chaque couche
de linge soit parfaitement égale et foulée.
Au-dessus des draps de maîtres vous placerez
les nappes ; ensuite le petit linge fin, tel que
fichus, bonnets, camisoles, robes, objets en
batiste et en coton ; puis vous mettrez les
chemises de femme et d'homme : les cols de
ces dernières doivent être tournés vers le
centre du cuvier ; ensuite viendront les serviettes de table, les mouchoirs, les bas blancs
que vous ferez tourner à l'endroit et dont
on allongera les pieds en les arrangeant aussi
vers le centre. Lorsqu'on en est arrivé là,
on a du savon de Marseille coupé menu,
dans la proportion de demi-livre pour un
cuvier rond de trois pieds de diamètre sur

deux et demi de profondeur ; on le répand également sur toute la surface du linge, et l'on verse dessus, par petites portions, environ deux seaux d'eau ; on foule avec la main et si la surface n'est pas égale après le tassement produit par l'eau, on y remédie par l'arrangement du linge qu'on remet en dessus dans l'ordre suivant : les draps de domestiques, les serviettes de toilette, celles d'office ; le linge des domestiques, les tabliers (commençant par les plus fins), enfin les torchons et les chiffons. On recouvre le tout d'une grosse toile en quatre doubles, qui doit être assez grande pour retomber d'un pied tout autour du cuvier.

On mettra de suite sur cette toile six décalitres de cendres de chêne dans laquelle on écrasera les coquilles des œufs qui auront été mangés dans l'intervalle d'une lessive à l'autre : prenez garde de confondre le décalitre avec le double décalitre ; cette observation est nécessaire parce qu'il y a des cantons où l'on se sert du double décalitre sous la dénomination de décalitre, sans y faire plus d'attention ; une erreur pareille pourrait faire brûler tout votre linge. La quantité de cendres que j'indique est pour le cuvier ci-dessus désigné ; lorsqu'elles sont mises et étendues, on bouche le goulot du cuvier et on verse de l'eau petit à petit à mesure qu'elle s'imbibe, jusqu'à ce qu'elle soit au niveau des bords. On laisse le tout jusqu'au lendemain six heures du matin ; on débouche alors le goulot et on place dessous un baquet de grandeur à recevoir le quart de l'eau qui est entrée dans le cuvier ; lorsqu'il est plein on en retire une grande chaudière qu'on met à la crémaillère ; étant prête à bouillir, on a un pot à anse, on l'emplit de cette eau chaude sans ôter la chaudière du feu ; on la verse sur les cendres, puis on en verse un autre pot de la froide qui est dans le baquet, et ainsi de suite alternativement jusqu'à ce que l'eau surnage d'un ou deux pouces sur la cendre qui ne doit jamais rester à sec. On remet à mesure dans la chaudière autant de pots d'eau de lessive froide qui coule dans le baquet qu'on en ôte de chaude, et l'on continue ce travail jusqu'à huit heures du soir. Une grande attention à avoir, c'est que la chaleur de la lessive soit progressive... A midi on doit encore pouvoir plonger la main dedans sans se brûler ; ce n'est que vers le soir qu'on peut mettre l'eau presque bouillante, mais jamais tout-à-fait.

Quand le coulage est fini, on bouche le goulot, on recouvre le cuvier d'une vieille couverture, afin que la chaleur se maintienne pendant la nuit.

Le lendemain matin on débouche pour laisser écouler l'eau, et l'on procède au lavage, tirant le linge au fur et à mesure dans l'ordre où il a été mis, sans le bouleverser. La cendre est portée et écartée sur les composts.

L'eau qui est dans le baquet sert à faire tremper les bas et les chaussettes de couleur, ensuite on la verse sur le fumier de la basse-cour.

Vous observerez que je mets les cendres la veille et que je les fais couvrir d'eau froide [1], contre l'usage ordinaire qui est de ne les mettre qu'au moment de couler et de verser dessus l'eau bouillante : procédé

[1] L'eau de puits n'est pas bonne pour cet usage, à moins qu'elle ne dissolve le savon.

qui brûle et use le linge d'une manière étonnante, tandis qu'au moyen du mien, la cendre est adoucie par l'eau froide, et pendant la nuit cette lessive légère dissout la crasse du linge; la demi-livre de savon que j'y ajoute aussi produit autant d'effet que trois livres dans un savonnage fait au canal.

Pour laver la quantité de linge que j'ai supposée, quatorze onces de savon sec suffisent [1]; on ne doit en mettre qu'aux cols des chemises d'homme, au linge de coton, aux pieds des bas et aux endroits où quelque tache serait plus tenace qu'ailleurs.

Pour passer le linge au bleu, l'indigo pur est ce qu'il y a de mieux; on en met une once dans un nouet de toile serrée et en plusieurs doubles; on le trempe dans une pinte d'eau et on le presse jusqu'à ce qu'elle devienne extrêmement colorée; on la filtre alors au travers d'un linge fin et on en verse suffisante quantité dans deux ou trois

---

[1] On coupe les briques de savon par morceaux d'une livre, on les fait sécher; et on ne s'en sert qu'au bout de deux ans.

seaux d'eau, pour produire une légère teinte d'azur : ce nouet peut durer un an sans le renouveler. Le gros linge prend beaucoup moins le bleu que le fin, il faut donc l'y mettre séparément.

Quelques personnes sont dans l'usage de ne passer au bleu que le linge de corps ; je vous conseille de l'y faire tout passer, excepté celui de toile écrue; sans cela il acquiert à la longue une teinte jaune, qui lui donne l'air sale ; il ne suffit pas que la propreté existe, il faut encore qu'elle plaise à l'œil.

Quand l'eau du bleu se ternit et se trouble par l'usage qu'on en a fait, on la jette et on en refait de nouvelle.

Tout le linge de couleur et le lainage se savonnent à l'eau froide à mesure qu'on les salit; si on les gardait long-temps, ils seraient plus difficiles à nettoyer; on doit les étendre à l'ombre pour n'en pas passer les couleurs.

Vous trouverez cet article long, et il m'a paru tel en le faisant ; mais j'ai cru ne pouvoir entrer dans trop de détails pour vous bien expliquer un procédé d'où dépendront la blancheur et la conservation de votre linge, et qui réunit à cet avantage celui d'une grande économie ; car vous au-rez pu remarquer combien peu j'emploie de savon.

Arrangement du linge dans les armoires.

La facilité de maintenir l'ordre dans les armoires tient à la manière d'y arranger le linge. Je trouve parfaitement inutile l'usage de numéroter chaque pièce : outre que quatre ou cinq marques déparent le coin d'un mouchoir ou d'une serviette, on emploie un temps infini soit à le marquer, soit à le tenir par ordre de numéros, et l'économie du temps est quelque chose, car lui seul ne peut se racheter. Comme on ne salit pas une seule serviette à la fois et que les premières marquées sont aussi les premières usées, tout cela conduit naturellement à un embarras minutieux qui, je le répète, n'offre aucun avantage. Il n'y a que les draps qu'il soit nécessaire de numéroter, parce que cela sert à les appareiller. Les serviettes, les chemises, etc., n'ont besoin que d'avoir un petit signe après la marque, pour distinguer la qualité. On doit placer la marque

des

des chemises sur le devant de l'entournure, afin de la voir lorsqu'elles sont pliées.

Le moyen le plus aisé de trouver de suite l'ordre dans lequel on doit salir le linge, est de faire, je suppose six piles de serviettes, de chacune tant de douzaines ; le n° de ces piles se marque sur le devant de la tablette de l'armoire ; lorsque la première est employée on passe à la seconde ainsi de suite, et on remet dans la place vide, celles qui reviennent du blanchissage, etc. : on en fait autant des draps et autres objets dont le nombre est assez considérable pour exiger ce soin. Un simple calcul vous mettra promptement à même de comprendre cette marche, et vous éviterez ce remuement long et ennuyeux auquel s'astreignent quelques personnes d'ordre, pour remettre en dessous le linge nouvellement blanchi ; il n'y a que les choses en petit nombre pour lesquelles on doive employer cette dernière méthode.

Je termine cet article en vous observant que vous devez avoir un état détaillé de tout votre linge, et y conserver une colonne pour les observations.

Manière de tenir ses comptes. Nécessité de faire des
économies.

L'ordre dans l'administration de votre
maison ne suffit pas, il faut aussi l'établir
dans vos recettes et vos dépenses; ce qui ne
peut avoir lieu qu'à l'aide de registres dont
je vous donnerai un modèle. Mais il faut
avant passer en revue ce que vous avez à
faire pour vous rendre un compte bien exact
de vos moyens.

Vous ferez d'abord un petit état de vos
revenus bruts; vous placerez à côté celui
des impositions, et vous le déduirez : ensuite
vous dresserez un aperçu de la dépense
journalière de votre table; vous la cumule-
rez en mois, et les mois en année; vous y
ajouterez celui du chauffage, de l'éclairage,
du blanchissage et vous porterez ce total
général à une colonne particulière. Vous ferez un autre aperçu pour la consommation
du vin, un pour la nourriture des bestiaux,
un pour les gages des domestiques, un pour les
dépenses diverses, un très-détaillé pour l'entretien de votre linge et de votre toilette, un
pour les charges si vous en avez, un pour

| DATES. | INDICATIONS. | JARDINS. | | IMPOSITIONS. | RECETTES. | | OBSERVATIONS. | DATES. | INDICATIONS. | RÉPARATIONS | | OBSERVATIONS. |
|---|---|---|---|---|---|---|---|---|---|---|---|---|
| Janvier. | | fr. | c. | | fr. | c. | | Janvier. | | fr. | c. | |
| 3. | Une bêche de 10 pouces de long sur 7 de large, prise chez  . . . | 2 | 75 | . . . . . . | . . . . . . | | Elle ne s'est pas trouvée bonne, et a fléchi dans la douille. | 3. | Fait repiquer la grange de          ; 4 journées de maçon. . . . . . . . . . . . . . . . . . . (On y a employé 250 tuiles, je les ai fournies de celles qui sont dans ma cour.) | 6 | 00 | |
| 5. | Pour avoir fait rechausser la pioche. | 0 | 75 | | | | | | | | | |
| | Un rosier multiflore, greffé. . . . . | 1 | 50 | | | | | 25. | Acheté à la tuilerie de          2000 tuiles et 4 faitières. | 30 | 00 | |
| | 6 livres de ray-grass pour le morceau du pré du Grand-Platane. . . . . | 2 | 40 | | | | | | Trois poinçons de chaux. . . . . . . . . . . . | 9 | 00 | Elle était mal cuite, et n'a pas fourni au cordage. |
| | 2 pots à fleurs en terre jaune, de 6 pouces de diamètre. . . . . . . | 0 | 80 | | | | | 30. | 300 clous de trois doigts. . . . . . . . . . . | 3 | 00 | |
| 10. | Payé et soldé André, le 10 inclusivement, 20 journées. . . . . . . | 30 | 00 | | | | | | Soldé le mémoire du charpentier pour l'année dernière, soixante journées. . . . . . . . . | 105 | 00 | |
| | Reçu de mon fermier, en à-compte sur le semestre de sa ferme, échu le          . . . . . . . . . . . . . | . . . . . | | . . . . . . | 1200 | 00 | | | | | | |

# MODÈLE DE REGISTRE DES DÉPENSES ET DES RECETTES.

### 1re. PARTIE.

| DATES. | INDICATIONS. | NOURRITURE, chauffage, blanchissage, éclairage. fr. c. | VIN. fr. c. | NOURRITURE des bestiaux et volailles. fr. c. | CAGES des domestiques. fr. c. | OBSERVAT. |
|---|---|---|---|---|---|---|
| Janvier. | | | | | | |
| 1er. | 12 liv. de viande à 30 c., savoir : 6 liv. de bœuf, 3 liv. de veau, 3 liv. de mouton. | 3 60 | | | | |
| | 5 liv. de chandelle à 14 sous. | 3 50 | | | | |
| | Une mesure de charbon... | 3 00 | | | | |
| | 3 journées de laveuse... | 1 60 | | | | |
| 6. | 2 briques de savon pesant ensemble 12 liv., à 14 sous. | 8 40 | | | | |
| | Une corde de bois de chêne. | 18 00 | | | | |
| 9. | Une pièce de vin de Bourgogne... | | 200 00 | | | |
| | Port et droit... | | 40 00 | | | |
| | Une pièce de vin rouge du pays, sans le fût... | | 50 00 | | | On l'avait frelatée en route; le faire accompagner une autre fois. |
| | Donné pour boire au garçon. | | 1 00 | | | |
| 12. | 5 décalitres d'orge... | | | 5 00 | | |
| 30. | Avancé à Jean sur les gages de son année courante... | | | | 20 00 | |

| DATES. | INDICATIONS. | DÉPENSES diverses. fr. c. | TOILETTE et linge. fr. c. | CHARGES. fr. c. | AUMÔNES. fr. c. | OBSERVAT. |
|---|---|---|---|---|---|---|
| Janvier. | | | | | | |
| 2. | Port de trois lettres... | 1 50 | | | | |
| | 6 cahiers de papier à lettre. | 0 0 | | | | |
| | Étamage de deux casseroles. | 0 80 | | | | |
| | Pour avoir fait remettre un carreau à la cuisine... | 0 75 | | | | |
| 10. | 15 aunes de toile de Courtrai à deux tiers de large, et 4 fr. 50 c. l'aune ; pour six chemises... | | 57 50 | | | Je l'ai pris dans tel magasin ; elle s'est trouvée bonne |
| 15. | Payé le trimestre échu le ... de la rente que je fais à ... | | | 100 00 | | |
| | Donné à Claude pour l'aider dans la maladie qui le retient au lit... | | | | 3 00 | C'est le ... qu'il est tombé malade. |

A. Mais. de camp. tom. I, p. 183.

# TABLEAU DE RÉCAPITULATION GÉNÉRALE

## POUR L'ANNÉE 1822.

| MOIS. | NOURRITURE chauffage, blanchissage, &éclairage. | VIN. | NOURRITURE des bestiaux et volailles. | GAGES des domestiques. | DÉPENSES diverses. | TOILETTE et linge. | CHARGES. | AUMÔNES. | JARDINS. | IMPÔTS. | RECETTES. | RÉPARATIONS. |
|---|---|---|---|---|---|---|---|---|---|---|---|---|
| Janvier... | | | | | | | | | | | | |
| Février... | | | | | | | | | | | | |
| Mars...... | | | | | | | | | | | | |
| Avril...... | | | | | | | | | | | | |
| Mai... ..... | | | | | | | | | | | | |
| Juin........ | | | | | | | | | | | | |
| Juillet.... | | | | | | | | | | | | |
| Août...... | | | | | | | | | | | | |
| Septemb. | | | | | | | | | | | | |
| Octobre... | | | | | | | | | | | | |
| Novemb.. | | | | | | | | | | | | |
| Décembr. | | | | | | | | | | | | |
| TOTAUX. | | | | | | | | | | | | |

1822.

# MANIÈRE DE NOTER LES JOURNEES

## DES DIFFÉRENS OUVRIERS QU'ON EMPLOIE.

|  MAÇONS.  |  CHARPENTIERS.  |
|---|---|
| SEMAINE DU 6 MAI. | SEMAINE DU 3 JUIN. |
| A la couverture de la grange du domaine de | Aux crèches de l'étable de |

Maître........ — Compagnon. — Manœuvre..    TOTAL, 9 journées.

Maître........ — Compagnon.    TOTAL, 5 journées et demie.

On voit que les lignes verticales indiquent les jours de la semaine, et que les courbes, figurées sur ce tableau par des ⊐ renversés, faute de signes typographiques représentant le trait de plume nécessaire, divisent ces jours par quarts, ce qui rend compte de suite des détails du travail, sans le secours d'une infinité d'écritures qui n'offrent jamais autant de clarté.

# MODÈLE D'UN REGISTRE DE TRAVAUX D'AGRICULTURE
## ET DE LEURS RÉSULTATS.

| DATES. | TRAVAUX. | RÉSULTATS. | FOLIATION. | DÉFOLIATION. | FLEURAISON. | DÉFLEURAISON. | MATURITÉ DES FRUITS, GRAINES ET LÉGUMES. Arrivée des oiseaux de passage. Apparition des insectes et animaux qui restent engourdis l'hiver. |
|---|---|---|---|---|---|---|---|
| Mars. 3. | Greffé en fente un *acacia tortuosa*. Deux rosiers, dont un multiflore, l'autre mousseux blanc, sur deux églantiers des haies. | Bien réussi. Le multiflore a manqué. Le mousseux a réussi. | Sureau. *Atragene indica.* | | | | |
| 4. | Fait huit boutures de peuplier à grandes dents, en bon terreau, à l'ombre. . . . . . . . . . . Six de rosier bleu. . . . . . . . Quatre de noisetier. . . . . . . | N'ont pas pris. Ont bien pris. N'ont pas pris. | | | | | Laitue crêpe blonde bien pommée. |
| 5. | Taillé la vigne de l'espalier. Semé des choux-fleurs au pied d'un mur. . . . . . . . . . . . . . | Levés le 3o ; transplantés le bons à manger le | *Fumaria bulbosa.* | | Violette des champs. Aunes. | | Nouveaux épinards ayant passé l'hiver. |
| 6. | | | | | Iris de Perse. | | |

B. Mais. de camp. tom. *I*, p. 183.

les aumônes, un pour l'entretien de vos jardins, un pour les réparations...; tous ces aperçus surpasseront le nécéssaire; vous porterez le montant de chacun à la colonne particulière désignée ci-dessus; vous l'additionnerez et vous comparerez avec le revenu, qui doit surpasser la dépense d'un sixième, dans la première année.

Vous aurez un registre divisé en deux parties et distribué comme le modèle ci-après, vous placerez tous vos aperçus pour mémoire à la dernière feuille.

A la fin du mois vous en additionnerez chaque colonne et vous comparerez si vous avez surpassé la somme qui y était allouée, ou si vous avez fait une économie, et vous vous règlerez de manière à en faire toujours une. Vous ferez ensuite un tableau de récapitulation générale, sur lequel vous noterez à chaque mois le total de chaque colonne..... Enfin au bout de l'année vous additionnerez les colonnes du tableau, et par ce moyen vous vous rendrez compte en un coup d'œil des économies que vous aurez faites dans l'année. Si elles ne vous paraissent pas suffisantes, vous tâcherez de les augmenter l'année suivante. Il est de principe qu'une personne d'ordre doit avoir toujours une année de revenu en avance, pour faire face aux événemens imprévus, dont le chapitre est très-étendu ; et vous ne serez vraiment à l'aise que lorsque vous aurez atteint ce résultat.

Les grandes économies ne sont pas les plus avantageuses, mais celles de détail, qui se renouvellent tous les jours et à chaque instant; aussi méritent-elles plus particulièrement votre attention ; les autres avertissent assez d'elles-mêmes, tandis que celles-ci se négligent parce qu'on n'y attache pas toute l'importance qu'elles ont réellement.

Ne souffrez jamais que rien se perde chez vous, pas même une allumette..... Si l'anecdote racontée à ce sujet par Addisson, dans son Spectateur, n'était pas si connue, je vous la rapporterais. C'est à elle que je dois la première réflexion que je fis sur la nécessité d'être économe; en effet, sans économie on ne saurait être généreux et bienfaisant à propos; on n'est que prodigue, et cela ne peut durer long-temps.

Tout votre bonheur sera attaché à l'ordre

et à l'économie que vous mettrez dans votre administration ; en vain une femme le cherche-t-elle ailleurs, elle ne trouve que des plaisirs passagers qui sèment dans son cœur le germe des regrets.

Quelques-unes de vos économies auront des destinations particulières, telles que des améliorations dans vos biens, etc.; mais je voudrais que celle que vous ferez sur l'entretien de votre toilette, passât tout entière au soulagement des malheureux ..... Eh ! quel moyen plus efficace de transformer en jouissance réelle une privation bien faible en elle-même ! Cette idée de changer la valeur d'un chapeau, d'un schall ou d'un bijou, en acte de bienfaisance, me vint il y a vingt ans, et quoique je fusse bien jeune alors, je ne fis depuis ce temps nul cas de la parure, ce dont je me suis bien trouvée.

Les pauvres de la campagne n'ont aucun rapport avec les mendians des villes, qui spéculent sur la commisération des âmes sensibles .... Vous pourrez les connaître, apprécier leurs besoins, et vos aumônes auront le double mérite d'être bien placées ; cet avantage doit être mis au nombre des

plus précieux que procure la vie champêtre.

Nécessité d'avoir une armoire de pharmacie ; ce qu'elle
doit contenir.

Une des fonctions les plus honorables que
vous aurez à remplir, sera celle de porter
vous-même des secours aux blessés et aux
malades. J'ai toujours trouvé très-inconsidé-
rées les personnes qui ridiculisent les femmes
qui se mêlent de traiter et de soigner les
pauvres; il me semble que ce penchant à
soulager les êtres souffrans, loin de prêter
au ridicule, est plutôt fait pour imprimer le
respect. Est-il donc besoin d'avoir étudié
Hippocrate et Galien pour donner des secours utiles? et le désir de faire le bien n'en
inspire-t-il pas souvent le moyen? Madame
Dacier a dit, je crois, qu'elle était née avec
le *sentiment* du grec : je pense que dans
beaucoup de cas, ce sentiment dont elle a
voulu parler, sert plus que la science elle-
même.... L'extrême délicatesse du tact et
de la sensibilité des femmes, doit les rendre
plus propres à cette manière de pratiquer la
médecine. La nature n'a-t-elle pas doué les

hommes d'assez de prérogatives, sans qu'ils cherchent encore à placer de leur côté, celles qu'elle a voulu aussi qui fussent exclusivement notre partage ? Quels hommes pourraient remplir avec un succès égal, les fonctions qu'exercent ces respectables sœurs de la charité ? N'ont-elles pas le talent de soulager et de guérir ? et les remèdes ordonnés par nos grands médecins, auraient-ils, sans leur entremise, toute l'efficacité qu'ils acquièrent en passant par leurs mains compatissantes ?

Ce n'est pas que je prétende que, sans autre guide que votre amour pour l'humanité, vous deviez aller administrant une médecine à celui-ci, un topique à cet autre : au contraire, je ne saurais trop vous recommander la prudence, surtout lorsque vous commencerez à entrer en fonction ; et vous ne devez vous permettre que des remèdes dont l'application soit salutaire sans pouvoir être nuisible dans aucun cas ; car un traitement hasardé pourrait compromettre la vie de l'être que vous cherchez a soulager.

Vous trouverez au bas de cet article, la liste des médicamens de ce genre, et celle des plantes les plus efficaces, que vous pourrez faire sécher et mettre en réserve pour le besoin. Les circonstances dans lesquelles vous pourrez vous en servir, ainsi que la manière, seront indiquées en partie dans le *Dictionnaire des Notions et Recettes diverses*, qui fera suite à cet ouvrage, et contiendra toutes les choses utiles que je n'ai pu y insérer, dans la crainte d'établir la confusion et d'allonger par des phrases de liaison dont le mode de dictionnaire dispense.

L'armoire exclusivement destinée à renfermer ces plantes et ces médicamens, doit être divisée dans son milieu, en tiroirs à compartimens, les uns plus grands, les autres moins, pour séparer les fioles, poudres, racines, feuilles et fleurs. Vous les arrangerez avec le plus d'ordre possible, afin de pouvoir trouver de suite l'objet que vous chercherez. Chaque compartiment portera le nom de l'ingrédient qu'il contiendra. Le haut et le bas de l'armoire serviront à placer les bouteilles trop grandes pour entrer dans les tiroirs ; elles seront toutes étiquetées.

Vous inscrirez sur le devant des tiroirs, suivant ce qu'ils renfermeront : *Poudres ;*

*Liquides; Racines; Fleurs; Feuilles; Bandes; Compresses* et *Charpie.*

Vous ne devrez jamais avoir en provision les substances susceptibles de se rancir ou se détériorer par le temps.... Leur usage deviendrait pernicieux.

Cette armoire sera placée dans un lieu sec; vous en ôterez la clef, dans la crainte que quelque curieux ou quelque imprudent n'en fasse un mauvais emploi.

### LISTE DES MÉDICAMENS A AVOIR.

## *Liquides.*

Alcali volatil. — Dans un flacon de verre, bouché aussi en verre, et recouvert de cire blanche.

Eau de fleur d'orange, une chopine. — On doit la boucher seulement avec un gros parchemin percé de trous d'épingle.

Eau de mélisse.

Eau-de-vie camphrée, une chopine.

Éther sulfurique. — Dans un flacon bouché de verre, et le bouchon recouvert de cire blanche. Rien ne s'évapore si facilement.

Laudanum liquide, un très petit flacon.

Vinaigre acétique, une pinte.

Liqueur d'Hoffman. — Mêmes précautions que pour l'éther.

Sirop de diacode, deux onces.

Eau de Luce, deux onces.

Extrait de Saturne, quatre onces.

Eau vulnéraire.

Baume du commandeur, trois onces.

Eau-de-vie, une pinte.

### *Poudres.*

Quinquina en poudre, première qualité, demi-livre. — Tenu dans un bocal.

Rhubarbe, douze paquets d'un gros chaque.

Émétique, vingt-quatre paquets, dont huit d'un grain, huit de deux et huit de trois.

Sel de Glauber, trois ou quatre paquets d'un gros chaque.

Jalap, six paquets de quinze grains chaque, triturés avec autant de sucre.

Sel de nitre, six paquets de quinze grains.

### *Topiques divers.*

Deux ou trois onces d'emplâtre de dia-
chylon.

Une once d'onguent de la mère.

Deux onces d'emplâtre vésicatoire.

Une once de cantharides en poudre, tenue
dans un bocal bouché.

Quatre onces de cire-vierge.

Quelques pièces de taffetas d'Angleterre.

Une boule d'acier.

Une seringue destinée à prêter aux malades.

### *Racines sèches.*

Patience, bardane, fougère, guimauve, ré-
glisse, chiendent.

### *Fleurs sèches.*

Violette, camomille romaine, Guimauve,
coquelicot, bouillon-blanc, sureau, pen-
sée sauvage, tilleul.

### *Feuilles sèches.*

Menthe, saponaire, oranger, vulnéraire
suisse, mélisse, verveine citronisée. —

On fait sécher les racines au soleil, ensuite on les brosse pour en ôter la terre.
Le lavage diminue leur vertu. Lorsqu'elles
sont bien sèches, on les coupe par morceaux, et on les met dans des sacs. Les
fleurs et les feuilles se font sécher de même,
et se mettent aussi dans des sacs.

### *Linge nécessaire aux pansemens.*

Des bandes de différentes largeurs et longueurs, en toile de moyenne grosseur,
et médiocrement usée ; des compresses ;
de la charpie de trois pouces de long, faite
avec la même toile que les bandes. Il faut
la tenir très-proprement, à l'abri de la
poussière ; enfin, un gros paquet de vieux
linge, blanc de lessive.

### De l'établissement d'un rucher.

Dans un ouvrage qui traite des agrémens
de la campagne, on ne peut se dispenser de
dire un mot des abeilles; je n'en ferai point
l'histoire, il faudrait un volume entier.....
D'ailleurs depuis Varron jusqu'à nos jours,
tous les naturalistes ont écrit sur ce sujet,
de manière à ne rien laisser à désirer.

Un petit rucher pouvant contenir quatre
ruches suffira à votre amusement, comme
à l'entretien de votre table.

J'en ai fait construire un semblable à celui
que je vais vous décrire, et il remplit parfaitement les conditions nécessaires, qui sont
de préserver les abeilles de leurs ennemis
les plus redoutables, les souris et les fourmis ;
et de permettre de prendre le miel à volonté
et avec facilité. Son établissement est peu
dispendieux, en ce qu'on peut le faire faire
par la première personne venue.

Il consiste en un cadre de quatre pieds
de large hors d'œuvre, sur huit de long,
posé sur six montans de cinq pieds d'élévation hors de terre : dont un à chaque coin,
et deux qui soutiennent le milieu. Aux deux
bouts de ce cadre est une traverse à un
pied en dedans, et une troisième au milieu,
portant sur les deux montans. Le tout doit
être en bon chêne, de quatre pouces d'é-
quarrissage, bien solidement joint, et peint
à l'huile. Ce cadre est surmonté d'une
petite toiture de bois mince et léger, con-
sistant en trois $\Lambda$, un à chaque bout, un au
milieu et une traverse en forme de faîtage

soutenue dans son milieu par un petit montant qui s'appuie sur la grosse traverse du
câdre ; cette carcasse sert à soutenir une
toile goudronnée ou imperméable fixée sur
les bords du cadre et les dépassant de six à
huit pouces.

Le tablier qui porte les ruches a six pieds
de long, sur dix-huit pouces de large ; il est
suspendu à deux pieds au-dessus de terre,
par six tringles de fer rond, de trois pieds
de long et de grosseur proportionnée au
poids qu'elles ont à supporter ; elles sont
terminées à chaque bout par une pate ren-
versée et percée de trois trous... ce qui sert
à les attacher sous le tablier et sur les trois
traverses du câdre, savoir une à chaque
coin et les deux autres au milieu ; en sorte
que le tablier se trouve suspendu au centre
et qu'il est débordé par la couverture du
rucher, d'un pied sur les côtés et de onze
pouces sur le devant et le derrière.

On fait sur le devant de ce tablier quatre
entailles de deux pouces de large sur huit lignes de profondeur et cinq pouces de long.
A commencer de trois pouces du bord, elles
vont en diminuant de profondeur et finissent

à rien lorsqu'elles sont arrivées aux cinq pouces de longueur. La première entaille en partant de la droite, commence à 7 pouces et demi du bout du tablier ; la deuxième en tirant sur la gauche, commence à quinze pouces de la première ; la troisième à dix-neuf pouces de la deuxième, et enfin la quatrième à quinze pouces de la troisième.

Chaque ruche est composée de quatre hausses de treize pouces en carré à l'extérieur, et de quatre pouces de haut. Le dessus de chacune de ces hausses est garni d'une planchette un peu échancrée sur ses quatre côtés pour faciliter la circulation des mouches d'une hausse à l'autre ; la dernière du dessus se recouvre d'une planche de quatorze pouces en carré, qu'on assujettit par le poids d'une brique.

Ces ruches se placent de manière à ce que le tablier les déborde de trois pouces sur le devant, et qu'une des entailles corresponde au milieu de chacune.

Le meilleur bois pour les faire, est le sapin ou le peuplier, d'un pouce d'épaisseur ; on le peint seulement en dehors et un an d'avance, pour que l'odeur ne rebute pas les abeilles. L'hiver on place sur les quatre ruches une vieille couverture.

Ce rucher fait un très-bon effet dans un massif d'arbres verts, cintré dans une direction ouverte au sud-ouest ; autrement il faut l'abriter des vents, sur le derrière et les côtés.

On ne doit prendre le miel qu'une fois par an et dans les premiers jours de Mai. Lorsqu'on veut le faire, on a soin la veille, après le coucher du soleil, de soulever la ruche avec précaution et de faire glisser dessous, par une autre personne, une hausse vide ; le lendemain à midi, par un beau soleil, lorsque presque toutes les abeilles sont dehors, on détache la hausse supérieure, on remet la planche et la brique sur la ruche, on porte la hausse pleine de miel à cinquante pas du rucher, on la pose *de côté* sur une escabelle qu'on a préparée exprès, on brûle à côté et sous le vent, quelques chiffons dont la fumée fait bientôt fuir le reste des abeilles.

Pour cette opération, on se couvre la tête d'un sac, auquel on fait une ouverture carrée de huit pouces, qu'on garnit ensuite d'un morceau de crin de tamis, bien cousu et sans le plus petit jour ; on tourne cette ouverture sur son visage, et on noue le sac autour du cou ; on met aussi des gants fourrés en dedans d'une peau de lapin avec son poil, et sous cet équipage on est à l'abri de toute piqûre. Néanmoins, il faut être adroit et leste.

C'est de mai en juillet que les abeilles essaiment, et depuis huit heures du matin jusqu'à cinq du soir. Il faut alors les surveiller pour voir l'endroit où l'essaim va se poser : s'il n'est pas trop élevé, il suffit de joindre deux hausses, de les renverser, et de le faire tomber dedans avec le bout d'une branche feuillée ; on le recouvre ensuite d'une troisième hausse, et on va placer le tout sur le rucher destiné à le recevoir. Quand l'essaim se pose sur une branche trop haute pour l'atteindre, on lui envoie quelques poignées de sable fin, et il s'abat.

Une ruche en bon état peut fournir deux essaims par année, sans que cela lui porte préjudice ; davantage la fait presque toujours périr. Un bon essaim pèse cinq à six livres ; cependant, à quatre il est passable :

*

au-dessous, il faut le rebuter. Les abeilles font sur les fleurs trois sortes de récoltes : celle de la cire, de la propolis et du miel. La cire sert à former leurs cellules ou alvéoles, la propolis à les joindre et les consolider, le miel à les remplir pour fournir à leur nourriture dans la saison où elles ne trouvent plus suffisamment au dehors.

On doit tâcher de placer le rucher aux environs d'un petit ruisseau, ou bassin, dont les bords soient accessibles, et sur lequel on met encore quelques branches sèches pour faciliter aux abeilles le moyen de boire ; il faut aussi cultiver à leur portée des plantes aromatiques, telles que thym, serpolet, lavande et romarin, ainsi que des arbres à fleurs hâtives... Le marceau est de ce nombre. Les plantes les plus tardives, et par conséquent précieuses pour les abeilles, sont les asters ; le réséda, qui fleurit pendant tout l'été, fournit un miel d'un parfum délicieux. Les abeilles aiment aussi beaucoup les arbres résineux. Il est nécessaire de faire de temps en temps la chasse aux araignées qui s'établissent sur le rucher, et aux papillons qui voltigent autour ; car ces insectes, étant

| fort friands de miel, s'introduisent dans les ruches, et font quelquefois renoncer les abeilles.

### De l'établissement d'un vivier et d'un étang.

Pour compléter les instructions que mes faibles connaissances m'ont permis de vous donner, il me reste à parler du vivier ; car, ne devant rien acheter pour l'entretien de votre maison, que la viande de boucherie et les articles d'épicerie, vous ne pouvez vous dispenser d'en avoir un, dans lequel vous tiendrez en réserve quelques pièces de poisson destinées à l'usage journalier de votre table.

Il faut le placer de manière à ce qu'il soit alimenté par un ruisseau ; qu'il puisse aussi se débarrasser de son trop plein, et même se vider en entier quand on veut le nettoyer : sans cela, on est obligé de le faire à la pelle ; ce qui est fort long. On le creusera à trois pieds de profondeur, si les eaux sont de source et ne tarissent jamais ; et à quatre, au moins, s'il ne reçoit que les eaux des pluies.

Il y a des terrains assez compactes par

eux-mêmes pour retenir l'eau ; alors il n'y a rien à faire après avoir creusé, si ce n'est de placer un bâtardeau en glaise à l'endroit par où le trop plein doit s'en aller : ce bâtardeau maintient l'eau à la hauteur qu'on juge convenable ; on le surmonte d'un petit grillage en bois, qui empêche le poisson de s'échapper.

La grandeur à donner à ce vivier, dépendra de la quantité de poisson que vous voudrez y tenir habituellement : mais je vous conseille d'en mettre peu à la fois, et de le renouveler souvent ; car, quelque soin qu'on prenne, il dépérit dans ces endroits resserrés. Six pieds de large sur douze de long suffisent pour quinze à vingt pièces de quatre livres ; je dis six sur douze, parce qu'il est plus avantageux de le faire étroit : cela facilite la pêche *à la trouble*.

Si le fond ne retient pas l'eau, on le garnira, ainsi que le pourtour, d'une couche de dix-huit pouces de glaise bien battue et corroyée ; ou de pierre jointe à ciment, selon les ressources du pays : dans ce dernier cas, il faudrait faire jeter par-dessus cinq à six pouces des terres sorties de la fouille, parce que le poisson est si vorace, qu'outre la nourriture qu'on lui donne, il lui faut encore celle des vers qui se forment au fond des eaux quand le fond en est bon.

Il sera nécessaire de faire enlever les terres qu'on aura sorties [1] ; autrement les bords seraient trop escarpés, et entretiendraient une fraîcheur perpétuelle nuisible au poisson, qui a besoin de voir le soleil pendant quelques heures de la journée... On a remarqué que le poisson des étangs est plus beau dans les années de chaleur et de sécheresse.

Vous jeterez, tous les huit jours, dans le vivier quatre à cinq livres d'orge ou d'avoine qui aura trempé pendant douze heures dans de l'eau tiède (il est inutile de la faire bouillir). L'hiver, une brouettée de fumier, mise au fond du vivier, empêche l'eau de se geler aussi facilement, et fournit au poisson une nourriture qu'il recherche avidement, sans

---

[1] Ces terres servent à remblayer les endroits bas et marécageux les plus voisins. Si elles sont de bonne qualité, on les répand sur les prés et les composts, où elles produisent le meilleur effet, ce qui défraie de la main-d'œuvre. Les mauvaises se roulent sur les allées et les chemins.

que cela lui communique un mauvais goût, si l'eau se renouvelle. Il aime aussi tous les débris qui sortent de la cuisine ; mais vous avez des chiens et un cochon qui méritent la préférence. Dans les grands froids, si la surface de l'eau se gelait entièrement, il faudrait faire un trou à la glace, et y introduire un bouchon de paille pour donner passage à l'air. Il est bon que vous sachiez, pour vous régler en conséquence, que l'eau stagnante, comme l'eau trop vive, sont également nuisibles au poisson.

La carpe, la tanche et la perche sont les seules espèces qu'on puisse entretenir dans un vivier. Les brochets tourmentent et font maigrir les carpes, s'ils ne les mangent pas ; et si vous tenez à en avoir, il faudra les mettre à part, et les nourrir de petits poissons. Mais ils sont toujours maigres et mauvais en captivité : dans un étang de quinze cents carpes, à peine trouve-t-on quatre brochets de sept à huit livres.

Pour fournir à l'entretien de ce vivier, il conviendrait que vous eussiez un étang ; mais s'il n'en existe pas déjà dans votre propriété, il serait très-dispendieux d'en con-

struire un : et en eussiez-vous la volonté
comme les facultés, il faudrait encore que le
local y fût propre; sans cette condition,
vous n'obtiendrez point de succès, et vos
frais seront en pure perte. Cependant il entre
dans mon plan de vous indiquer les règles
qui doivent présider à son établissement,
afin que vous en fassiez l'usage qui vous
conviendra.

Il faut d'abord considérer, qu'un étang
doit pouvoir se vider entièrement à volonté,
ce qui exige une pente d'au moins douze
pieds, de la queue à la bonde; et qu'il se
trouve indépendamment de cela, en dessous
de sources assez abondantes pour l'alimenter
en tout temps, de manière à ce que ses
eaux conservent pendant les plus grandes
sécheresses, les deux tiers de leur volume
ordinaire; ce qui ne peut avoir lieu si le
sol n'est pas de nature à les retenir. Toutes
ces circonstances s'y trouvant, il faut encore
que le bassin qui doit le former soit naturel, et que l'élévation de la chaussée suffise
pour lui donner toute la profondeur convenable.

Pour construire cette chaussée, on creuse

sur toute la longueur déterminée, un fossé de six pieds de large, dont la profondeur atteigne la terre ferme; on jette les terres du côté opposé à l'étang, de manière à ce qu'elles élèvent également la rive du fossé; on le garnit dans toute sa profondeur de couches de glaise battues et corroyées, qu'on élève les unes sur les autres, jusqu'à la hauteur qu'on veut donner à la chaussée; ces couches doivent aller en diminuant de largeur, en sorte que la dernière se trouve réduite à trois pieds en forme de talus.

Après ce travail, on fait au milieu de l'étang, un fossé d'environ six pieds de large sur trois de profondeur, qui commence à la queue et vient aboutir à la poêle ou bassin qui se trouve au-devant de la bonde. Cette poêle est destinée à recevoir le poisson lors de la pêche, et les terres qui en sortent s'emploient à recouvrir la chaussée, on les égalise et on les bat par couches avec la *demoiselle*; mais on place préalablement la bonde, et le bachat qui doit servir de conduite à la sortie des eaux. On garnit scrupuleusement tous les entours de cette bonde et de ce bachat avec de la glaise corroyée, ce point est essentiel; mais on trouve partout des ouvriers qui connaissent la manière d'exécuter ces sortes d'ouvrages.

Les terres du fossé pratiqué au milieu de l'étang se transportent sur la chaussée, où on les bat par couches comme les premières. Il faut observer que les terres nouvellement remuées s'affaissent de deux pouces par pied.

La largeur de la chaussée doit être relative à l'étendue de l'étang et à la nature des dangers auxquels on s'exposerait s'il venait à crever; on ne doit jamais planter d'arbres dessus, comme quelques personnes l'indiquent inconsidérément; les racines, au lieu de retenir les terres, servent de conduite à l'eau qui filtre à travers et finit par les entraîner.... Il faut que leur talus en dedans et en dehors de l'étang soit très-prolongé.

A l'un des bouts de la chaussée, on creuse un fossé dont la profondeur sert de limite à la hauteur à laquelle on veut maintenir habituellement l'eau, en sorte que lorsqu'elle a atteint cette hauteur, elle s'écoule naturellement. Cette précaution est nécessaire pour préserver la chaussée dans les grandes crues ; il est prudent de placer un grillage en bois au devant de ce fossé, pour retenir le poisson.

Dans tout ce qui ne dépend pas de la chaussée, les bords ne doivent être ni élevés ni escarpés, mais se fondre avec le terrain adjacent, afin qu'il puisse s'étendre dans la crue des eaux ; cela favorise considérablement l'accroissement du poisson, qui trouve sur ces bords une ample nourriture ; il est utile d'y laisser entrer les bestiaux, leur fumier améliore le fond qui doit être déjà recouvert naturellement d'une couche de terre végétale ou de sable gras ; les herbes aquatiques de tout genre doivent garnir les bords ; il faut aussi laisser cumuler une assez grande quantité de limon, et ne jamais le curer à fond. Pour qu'un étang soit bon, il doit être peu profond en proportion de sa largeur. Quand le terrain en est maigre et mauvais, on peut y mettre avec succès quelques tombereaux de fumier consommé. Sans toutes ces conditions n'espérez pas avoir de poisson beau et gras.

Les seules espèces bonnes à mettre dans

un étang de ce genre, sont : la carpe en
première ligne , la tanche et l'anguille : les
deux dernières en petite quantité, parce
qu'elles se multiplient suffisamment d'elles-
mêmes. La perche est très-bonne et y vien-
drait bien, mais elle est vorace comme le
brochet, et épuise promptement le fond;
ajoutez à cet inconvénient, que les épines
dont son dos est armé empêchent qu'aucun
ennemi la détruise, ce qui favorise sa mul-
tiplication à l'infini.

Le brochet est le *requin* d'eau douce ,
c'est assez vous dire en quelle proportion
il doit entrer dans un étang; cependant il
est nécessaire d'en mettre quelques-uns
pour manger la feuille qui absorberait la
nourriture destinée aux carpes : deux bro-
chetons de cinq pouces de long suffisent
par cent carpillons de deux ans.

Si vous voulez avoir promptement de beau
poisson, vous mettrez de l'empoissonnement
de deux ans ( en carpe ) et à raison de 300
seulement par arpent d'eau, et le double s'il
n'a qu'un an; mais le premier est préférable, surtout pour vous; on ne compte pas
la tanche ni l'anguille qui passent comme

garniture. Au bout de deux ans ce poisson sera de vente et bon à pêcher... Mais si votre étang est petit et qu'il ne soit destiné qu'à votre usage, vous ferez bien de vous contenter de pêcher au filet, à mesure que vous en aurez besoin pour regarnir votre vivier. De cette façon vous finirez par avoir de très-belles pièces.

Dans les grands froids, si la surface de l'étang se gèle, on fait des trous dans la glace, aux entours de la bonde et on y met des bouchons de paille pour les tenir ouverts comme je l'ai déjà dit en parlant du vivier.

La pêche des étangs pour la vente n'entre pas dans mon sujet, cependant il peut vous être utile de savoir que les époques les plus favorables à cette opération, sont : mars et novembre. Le poisson se mesure entre tête et queue ; pour ne pas le blesser en le prenant, on met une main sur son dos au-dessous des ouies, et l'autre vers la queue ; moins on le laisse hors de l'eau, moins il éprouve de dommage.

Lorsqu'on veut envoyer loin une pièce de poisson, on lui met un petit morceau de

mie de pain dans les ouies pour les empêcher de se coller; on garnit le fond d'un panier long avec de grandes herbes fraîches,
telles que roseaux; on le place dessus de
manière à ce qu'il ne soit pas courbé, et on
le recouvre d'herbes semblables. La carpe et
la tanche restent fort bien six heures dans
cet état, mais le brochet et la perche meu-
rent plus tôt.

### Liste des livres qu'il est utile d'avoir à la campagne.

Pour vivre agréablement à la campagne,
il ne suffit pas d'avoir une maison bien mon-
tée et une basse-cour bien garnie, il faut
encore acquérir la connaissance de tout ce
qui a rapport à l'agriculture, au jardinage et
à la conduite des bestiaux; même à la botanique et à l'histoire naturelle : ce qu'on n'obtient que par la lecture et l'étude des livres
qui traitent de ces matières, et en faisant
l'épreuve des procédés indiqués, toutes les
fois qu'ils offrent la perspective d'un résultat avantageux : car on ne doit jamais perdre
de vue le point essentiel de faire des améliorations et des découvertes utiles.

Voici les principaux ouvrages de ce genre

que je vous engage à avoir ; vous ferez bien d'y joindre encore tous ceux qui paraîtront dans la suite, ainsi que de vous abonner aux différents écrits périodiques consacrés uniquement à ces matières.

OLIVIER DE SERRES , édition publiée par la société d'agriculture , 2 vol. in-4°.

ROZIER. *Cours d'agriculture* , 12 vol. in-4°.
*Nouveau Dictionnaire d'agriculture* , 16 vol. in-8°.

*Le Botaniste cultivateur* , par Dumont de Courset , 7 vol. in-8°.

*Le Bon Jardinier* , 1 vol. in-12.

*Flore française* , par de Lamarck et Decandolle , 6 vol. in-8°.

*Traité des Pépinières* , par Calvel , 3 vol. in-12.

*Histoire des arbres et arbrisseaux* , par Desfontaines , 2 vol. in-8°.

*Dictionnaire de botanique* , par Philibert , 3 vol. in-8°.

*Histoire des plantes d'Europe* , par Gilibert , 3 vol. in-8°.

*Traité de l'éducation des animaux domestiques*, par Thiébaud de Berneaud, 2 vol. in-12.

*Monographie des greffes*, par M. Thouin ; 1 vol. in-4º.

*Art de faire le vin*, par Chaptal, 1 vol. in-8º.

*Industrie française*, par Chaptal, 2 vol. in-8º.

*Chimie* de Chaptal, 3 vol. in-8º.

*Élémens de physique* de Biot, 2 vol. in-8º.

*Lettres d'Euler sur la physique*, 3 vol. in-8º.

*Recueil d'économie rurale* de Mme. Gacon-Dufour, 1 vol. in-12.

*Manuel de la ménagère*, par la même, 2 vol. in-12.

*Architecture rurale*, 1820, 1 vol. in-8º.

*Perfection des toits*, par Mengeot d'Elbenne, 1 vol. in-12.

*Art du menuisier*, 2 vol. in-12.

*Petite Médecine domestique*, par Besuchet, 1 vol. in-12.

*Nouveaux Secrets des arts et métiers*, 2 vol. in-12.

*Manuel du teinturier - dégraisseur*, 1 vol. in-12.

*Uranographie* de Francœur, 1 vol. in-8º.

APPERT. *Conservation des fruits*, 1 vol. in-8º.

*Les Lois rurales de la France*, par Fournel, 3 vol. in-8º.

*Manuel du Sommelier*, par Jullien, 1 vol. in-12.

*Topographie des vignobles*, par Jullien, 1 vol. in-8º.

# LA PETITE
# CUISINIÈRE

## DE LA

## MAISON DE CAMPAGNE.

---

**J**E ne prétends point ici rivaliser avec le *Cuisinier* ci-devant *impérial*, actuellement royal; de M. Viart. Au contraire, je trace entre lui et moi une ligne de démarcation bien tranchante : il a travaillé pour les gens très-riches, et j'écris pour les modestes habitans de la campagne, auxquels je m'intéresse particulièrement.

Avec une fortune médiocre on peut avoir le goût très-délicat, mais on n'a pas le palais blasé par le fréquent usage des ragoûts compliqués et surchargés d'ingrédiens chers et malsains.... Or je tâcherai par mes instructions, de favoriser cette délicatesse, sans nuire à la santé ni à la bourse.

## POTAGES.

### Potage au gras au naturel.

Peu de cuisinières, même fameuses, savent bien conduire ce qu'on appelle un pot-au-feu; et c'est dans les maisons les plus opulentes qu'on mange la plus mauvaise soupe, quoique ce soit une chose très-bonne et très-saine quand elle est bien faite.

La tranche, la culotte et la poitrine de bœuf, font le meilleur bouillon.

Prenez trois livres d'un de ces morceaux, ficelez-le, mettez-le dans une marmite de cuivre bien étamé (la terre prend une mauvaise odeur à la longue) et de la contenance de quatre pintes; emplissez-là d'eau froide, placez-là devant le feu et non sur un fourneau; ne la quittez-pas qu'elle n'ait cessé d'écumer; enlevez l'écume à mesure qu'elle monte, et lorsque le bouillon reste limpide, faites bouillir modérement, salez convenablement; faites brûler sur les charbons un gros ognon rouge avec sa pelure; étant bien roux, jetez-le dans la marmite; deux heures après ajoutez une carotte coupée en quatre, deux blancs de poireaux, un quartier de panais, deux côtes de céleri, le tout lié en botte; mettez un navet et une gousse d'ail ; à mesure que la graisse monte sur le derrière de la marmite, enlevez-la avec une cuiller plate. La marmite doit toujours bouillir également, c'est un point essentiel; si quelque circonstance oblige de la remplir, on le fait avec de l'eau bouillante. Il faut huit heures pour que la viande soit bien cuite et le bouillon succulent. Si vous avez des os de veau rôti, des carcasses de volailles, des abattis ou un morceau de collet de mouton, ou un demi quarteron de jambon, ou enfin une vieille perdrix.... soit de l'un, soit de l'autre; vous le mettez en même temps que les légumes : cela donne un goût exquis au bouillon.

On ne doit point jeter l'écume derrière le feu, mais la mettre à part pour la soupe des chiens.

Pour tremper votre soupe, vous faites griller des deux côtés des croûtes bien minces, vous les rompez et les mettez sens dessus-dessous dans le fond de la soupière; vous tirez doucement les légumes de la marmite sans troubler le bouillon, vous les arrangez proprement en les coupant de longueur et les placez sur les croûtes. Vous versez le bouillon à travers d'un tamis, et vous laissez migeoter ainsi la soupe un quart d'heure avant de la porter sur la table.....; il est d'un mauvais genre de la servir bouillante; il faut qu'on puisse la manger de suite.

Ce bouillon sert à faire les potages suivans : aux choux, qu'on fait cuire à part avec des couennes ou du beurre; aux gros pois verts et à l'oseille : on les fait cuire aussi à part dans un petit pot avec beurre et sel, ou couennes.

Ces légumes se placent sur le pain avant de couler le bouillon et alors on ne sert point les légumes du pot.

### Croûte au pot.

Prenez des croûtes grillées des deux côtés, faites les tremper cinq minutes sur le derrière de la marmite; retirez-les, placez-les dans une casserole sur un feu modéré, laissez-les sécher et se gratiner un peu; mettez les au fond de la soupière, coulez votre bouillon dessus. Il faut une demi-heure pour toute l'opération.

Riz ;

### Riz au gras.

Prenez du riz de Caroline bien épluché, quatre cuillerées combles pour six personnes, lavez-le à l'eau tiède en le frottant dans les mains, renouvelez-la trois fois; mettez-le dans une casserole, avec un peu de graisse du pot de la veille, versez dessus du bouillon froid tout ce qu'il en faut; couvrez, faites bouillir doucement sans jamais remuer : il faut deux heures et demie; le riz ne doit point être écrasé, ajoutez si vous voulez un coulis de lentilles ou de pois verts, ou une purée de carottes.

### Coulis de lentilles.

Prenez demi-litre de lentilles de l'année et sans pucerons, lavez-les, mettez-les dans une petite marmite, avec des couennes, ou du beurre; un ognon, peu de sel; emplissez d'eau froide. Quand elles sont cuites, ôtez de l'eau s'il y en a trop, et passez-les à travers une passoire fine, goûtez si l'assaisonnement est bon. Le coulis de pois se fait de même : s'ils sont secs on y ajoute du vert d'épinards. (Voyez ce mot.)

### Purée de carottes.

Epluchez et lavez sept à huit carottes tendres, coupez-les en tranches minces, ajoutez quelques feuilles d'oseille, une ciboule, deux côtes de céleri blanc, sel et poivre ; mettez le tout dans une casserole avec un bon morceau de beurre ; ajoutez de l'eau jusqu'à ce qu'elle surnage, couvrez ; faites bouillir ; quand les carottes sont cuites et s'écrasent facilement, passez dans la passoire.

### Julienne au gras.

Prenez deux grosses carottes tendres, ou douze ou quinze nouvelles, un navet, un poireau, un pied de céleri, un ognon, une laitue pommée, une poignée d'oseille, un peu de cerfeuil, une ciboule. Coupez les carottes, poireau, navet, ognon et céleri en filets d'un pouce de long et d'une ligne d'épaisseur ; hachez grossièrement le reste.

Mettez dans une casserole un morceau de beurre, faites bien revenir tous vos légumes, mouillez avec du bouillon, faites cuire deux heures ; mettez dans la soupière quelques croûtons de pain rompus mais non grillés, versez votre julienne dessus.

Si vous voulez la faire au maigre, vous mettrez plus de beurre, vous ajouterez sel et poivre et vous mouillerez avec de l'eau bouillante.

*Nota.* Servez-vous toujours de sel égrugé très-fin, pour toute votre cuisine.

### Riz au maigre.

Prenez riz de Caroline épluché, quatre cuillerées combles pour six personnes; lavez-le comme il a été dit à celui au gras; mettez-le dans une casserole, emplissez – la d'eau froide, assaisonnez de sel, poivre, un ognon entier, une carotte, un demi-quarteron de beurre frais, une branche de céleri, une poignée d'oseille; ficelez-les pour pouvoir les retirer en entier : si vous avez de la graisse d'oie ajoutez-en demi-cuillerée, faites bouillir deux heures à petit feu, ne remuez jamais; retirez la carotte, l'ognon et le bouquet d'oseille, passez-les à travers la passoire, et mettez cette purée dans votre riz ; on peut si l'on veut y ajouter un coulis. Ce potage est un des meilleurs qu'il y ait.

### Potage à la purée de navets.

Prenez douze à quinze beaux navets bien tendres, coupez-les en quatre ; faites-les revenir dans une casserole avec un peu de beurre ; étant un peu blonds, séparez-les de la graisse, et mettez-les dans une marmite avec peu de sel, gros comme une noix de sucre, un demi-quarteron de beurre frais ; emplissez d'eau bouillante ; faites cuire quatre heures à petit feu ; passez-les en purée avec leur bouillon ; mettez dans la soupière des petits dés de pain passés au beurre, versez la purée dessus. Elle doit être claire et peu colorée.

### Potage à la purée de pois secs.

On fait la purée comme il a été dit au coulis ; on y met seulement plus d'eau, et on y ajoute du vert d'épinards. On la verse sur des croûtons ou des tranches de pain très-minces.

### Potage maigre au chou et au fromage.

Prenez des choux verts ou blonds, bien tendres, c'est-à-dire ayant passé à la gelée ; ôtez-en les grosses côtes, et coupez les feuilles en rouelles ; emplissez-en un pot à moitié, et mettez dessus un quarteron de beurre frais, poivre et sel ; achevez d'emplir le pot avec des choux, et versez de l'eau froide tant qu'il en peut entrer. Faites cuire deux heures. Mettez dans le fond de la soupière un rang de tranches de pain fort minces, répandez dessus un lit de fromage de Gruyère coupé en lames, recouvrez-le d'une couche de choux. Remettez un rang de pain, un de fromage, un de chou, et ainsi de suite ; finissez par du fromage : il en faut une demi-livre. Versez le bouillon absolument bouillant, et laissez tremper un quart d'heure. Quelques personnes mettent trois cuillerées d'huile d'olive au lieu de beurre.

Potage au lait à la citrouille.

Prenez assez de citrouille pour emplir un pot de deux pintes. Épluchez-la, coupez-la par morceaux d'un pouce en carré, mettez-la dans le pot avec un petit morceau de beurre, peu de sel ; emplissez d'eau froide, faites cuire une heure. Faites bouillir une pinte de bon lait avec demi-quarteron de sucre. Mettez quelques tranches de pain dans la soupière. Egouttez la citrouille et passez-la sur le pain à travers la passoire ; versez le lait bouillant dessus.

### Riz au lait.

Prenez riz, la quantité déja indiquée ; préparez-le de même. Mettez-le dans une casserole avec trois chopines de bon lait froid, un quarteron de sucre, une pincée de sel. Faites cuire deux heures, sans remuer, ni couvrir. Au moment de servir ajoutez une cuillerée de fleur d'orange.

### Potage maigre aux herbes.

Oseille, deux poignées ; une laitue, quatre à cinq feuilles de poirée verte ou de belle-dame, un peu de cerfeuil. Épluchez-les, faites blanchir cinq minutes à l'eau bouillante ; égouttez, pressez, hachez grossièrement. Mettez dans une casserole avec demi-quarteron de beurre, sel et poivre ; laissez cuire un quart d'heure ; versez de l'eau chaude et faites bouillir un autre quart d'heure. Goûtez si l'assaisonnement est à point ; délayez trois jaunes d'œufs dans une assiette avec deux cuillerées du dessus du lait ; retirez le bouillon du feu, versez-y la liaison peu à peu en tournant toujours. Taillez le pain dans la soupière, et trempez votre soupe. L'été on y ajoute deux cuillerées de pois verts.

### Potage aux ognons avec jaunes d'œufs.

Prenez deux gros ognons, coupez-les en rouelles, faites-les jaunir avec un demi-quarteron de beurre ; lorsqu'ils sont bien cuits et blonds, versez dessus de l'eau bouillante, salez et poivrez ; faites faire deux bouillons. Ayez une autre casserole dans laquelle vous délayez trois jaunes d'œufs, passez votre bouillon, et versez-le dessus peu à peu en tournant toujours. Coupez le pain et trempez la soupe. On peut mettre du lait au lieu d'eau.

### Soupe au lait.

Faites bouillir une pinte de lait du matin ; coupez des tranches de pain extrêmement minces, mettez-en à moitié de la soupière, poudrez dessus une pincée de sel, ajoutez un demi-quarteron de sucre, versez le lait bouillant dessus. On peut faire bouillir dans le lait une feuille de laurier-amande, le parfum en est très-agréable.

### Panade.

Coupez des tranches de pain très-minces, arrangez-les dans un pot, mettez un peu de sel et de l'eau froide ; faites bouillir une demi-heure ; retirez le pot ; ajoutez un demi-quarteron de beurre frais ; faites-le fondre en remuant. Elle ne doit être ni trop claire ni trop épaisse. On peut y mettre un jaune d'œuf et du lait.

### Bouillon aux herbes pour les malades.

Oseille, deux poignées ; belle-dame, cerfeuil, laitue, des trois ensemble une poignée ; épluchez et lavez. Mettez dans un pot avec peu de sel, deux pintes d'eau, gros comme un œuf de beurre frais ; faites cuire une heure, passez au tamis.

### DU BOEUF.

Les morceaux les plus propres à servir pour bouilli sont : la culotte, l'aloyau et la poitrine. Le bœuf se coupe toujours en travers ; on le garnit de persil frais, ou de pommes-de-terre coupées en long et frites au beurre dans la casserole ; de saucisses, de choux à la flamande, ou avec une sauce tomate, ou piquante. (Voyez ces mots.) Le bœuf de bonne qualité est d'un rouge noirâtre ; on doit le laisser mortifier trois ou quatre jours en hiver.

### Choux à la flamande pour garnir le bœuf.

Ayez un chou rouge, ou autre si vous ne pouvez mieux ; ôtez les côtes, coupez les feuilles en rubans de demi-pouce de large. Mettez-les dans une casserole avec un peu de bouillon gras et du poivre. Faites cuire à petit feu ; à moitié cuisson ajoutez un demi-quarteron de beurre et une cüillerée à café de vinaigre ; goûtez si le bouillon est assez salé ; laissez réduire en sorte que le chou reste presqu'à sec. Garnissez-en votre bouilli, poudrez d'un peu de poivre. Il faut deux heures de cuisson.

### Langue de Bœuf.

Prenez une langue de bœuf, ôtez-en le cornet, lavez-la à deux eaux ; mettez-la dans une marmite avec un bouquet de persil, ciboule, thym et laurier. ( C'est ce qu'on nomme un bouquet garni.) Une gousse d'ail,

un clou de girofle, un demi-quarteron de
lard, un peu de poivre, point de sel. Emplissez d'eau froide, faites écumer comme un
pot au feu. Il faut environ quatre heures de
cuisson. Alors retirez-la, posez-la sur un
torchon blanc et enlevez entièrement la peau
sans entamer la chair. Fendez-la sur le dessus
dans toute sa longueur, rabattez les deux
côtés de manière à ce qu'elle forme un rond.
Piquez-la de gros lardons et traversez-la
d'une brochette de bois pour la maintenir
plate et ouverte. Passez et dégraissez le
bouillon dans lequel elle a cuit. Mettez dans
une casserole assez large pour la contenir
un demi-quarteron de beurre et demi-cuillerée de farine ; faites un roux blond,
mouillez-le avec du bouillon de la cuisson ;
mettez la langue dedans, elle doit tremper.
Faites-la bouillir trois quarts d'heure, retournez-la une ou deux fois ; laissez réduire
un peu la sauce, dégraissez bien, ajoutez
deux cuillerées de câpres et servez sans le
faire bouillir.

Bœuf à la mode.

Prenez un morceau de tranche, mieux un
filet, piquez-le de gros lard bien frais ;

mettez dans le fond d'une casserole ou daubière à peu près juste à la grosseur de votre morceau, une barde de lard mince ou une couenne fraîche, placez votre bœuf dessus ; assaisonnez de poivre, une pincée de sel, un peu de muscade rapée, un bouquet garni, une gousse d'ail ; un morceau de jarret de veau, deux cuillerées d'eau-de-vie ; emplissez la casserole d'eau froide, couvrez et bouchez les bords avec un linge mouillé. Faites cuire à petit feu et également pendant cinq heures et demie. Quand la viande est à moitié cuite on la retourne. Passez la sauce, dégraissez la bien et servez.

### Beef-steak.

Prenez une livre et demie de filet de bœuf suffisamment mortifié, nettoyez le de toutes ses peaux et graisse, coupez-le en travers en six morceaux égaux, mettez les sur le billot, aplatissez les l'un après l'autre avec le plat du couperet jusqu'à ce qu'ils soient réduits à six lignes d'épaisseur. Mettez un peu d'huile d'olive dans une assiette, salez et poivrez vos tranches des deux côtés ; placez-en deux à côté l'une de l'autre sur l'assiette, versez un peu d'huile dessus, recouvrez-les d'une autre tranche, mettez de l'huile, et ainsi de suite jusqu'à la dernière ; couvrez le tout d'une assiette et laissez mariner ainsi deux heures.

Vingt minutes avant de les servir, vous les placerez sur le gril, à un feu vif ; au bout de dix minutes vous les retournerez, vous renouvellerez le feu et vous ne les retournerez plus ensuite, c'est essentiel pour qu'elles conservent leur jus. Tandis qu'elles cuisent pétrissez un demi quarteron de beurre frais avec poivre et sel, un peu de persil et ciboule hachées : étendez-en la moitié dans le fond du plat que vous devez servir, posez dessus vos tranches sortant du gril, mettez le reste du beurre en dessus et servez de suite. Vous les garnirez si vous voulez, de pommes-de-terre arrangées de la manière suivante.

Lavez et pelez proprement six pommes-de-terre longues et crues, coupez-les en quatre dans leur longueur ; mettez-les dans une casserole et non une poële, avec gros comme un œuf de beurre, poudrez-les de sel fin et faites-les frire de couleur dorée en les roulant souvent dans la casserole ; il faut demi-heure sur un bon feu. C'est ainsi qu'on arrange celles dont on garnit le bouilli. On peut servir le beef-steak sur une sauce tomate ou piquante, au lieu de beurre et de pommes-de-terre.

### Filet de bœuf rôti.

Prenez deux livres de filet bien mortifié; ôtez-en les peaux et la graisse; piquez-le en dessus de lard fin, mettez-le une heure à la broche à un feu vif; arrosez-le avec de l'huile d'olive dès le commencement et souvent, dégraissez le jus qui est tombé dans la léchefrite et mettez-le dans une sauce tomate ou piquante. Servez cette sauce dans une saucière si c'est pour rôt, ou dans le plat si c'est pour entrée.

### Bœuf de la veille, arrangé à la bonne femme.

Coupez le reste du bouilli en tranches minces et sans l'émietter.... s'il est gras il n'en sera que meilleur. Mettez dans le fond d'un plat qui aille au feu, une couche très-mince de beurre frais, recouvrez-la légèrement de chapelure mêlée de ciboule et persil hachés : arrangez vos tranches dessus, poivrez et salez, que le poivre domine un peu ; poudrez avec de la chapelure et fines herbes, versez dessus un verre de bouillon dénué de graisse ; posez le plat sur un petit feu, couvrez avec de la cendre rouge, faites bouillir un quart d'heure et servez dans le même plat.

### Bœuf en mirolon.

Coupez du bouilli froid en tranches minces, mettez dans une casserole un demi-quarteron de beurre et six ognons coupés en rouelles, lorsqu'ils sont d'un beau blond, ajoutez une pincée de farine et mouillez avec un verre de bouillon ; laissez cuire les ognons jusqu'à ce qu'ils soient fondans, mettez les tranches de bœuf avec poivre, sel, une demi-cuillerée de vinaigre ; faites faire un bouillon, ajoutez une cuillerée de moutarde et servez : il faut environ demi-heure pour le tout.

On arrange aussi le bouilli froid avec une sauce piquante, ou une sauce tomate, dans laquelle on fait bouillir les tranches un quart d'heure.

On peut encore les passer à la poêle avec un très-petit morceau de beurre, poivre et sel; quand elles sont un peu rissolées on y met une cuillerée de vinaigre et on les fait sauter deux ou trois fois.

### Vinaigrette.

Tout le monde sait arranger une vinaigrette, cependant il y a une manière de la faire meilleure et plus distinguée : coupez votre bœuf en travers et bien mince; dressez-le proprement dans un petit saladier, faites sur le milieu un rond de filets d'anchois, couronnez-le d'une pincée de cerfeuil, ciboule et estragon hachés; arrangez autour un cordon de tranches de cornichons, assaisonnez-la au moment de la mettre sur la table, mais ne la retournez pas : l'huile se met en premier, il en faut beaucoup, et point de sel à cause des anchois; si vous avez des fleurs de capucine faites-en une couronne entre les cornichons et les anchois.

### DU MOUTON.

Le meilleur mouton est noir, on en mange toute l'année, mais la saison est de juin en septembre. Le gigot doit être rond, avoir le manche court et mince.

### Gigot au bain-marie.

Ayez un gigot mortifié, otez-en toutes les peaux et la graisse, sans entamer la chair, enlevez le manche, lardez-le en long et non en travers; (les viandes qui se coupent en travers doivent être lardées dans le sens opposé afin qu'en les servant les lardons ne se détachent pas ;) ficelez-le et le mettez dans une petite soupière brune, plus creuse qu'il ne faut pour contenir le gigot, mais pas plus large; ajoutez un quarteron de rouelle de veau, demi-quarteron de jambon cru, sans rance; un bouquet garni, deux feuilles de basilic, une gousse d'ail, poivre, point de sel, deux verres de bouillon dégraissé ; mettez le couvercle de la soupière, placez-la dans un petit chaudron ou casserole creuse, dans laquelle elle puisse baigner; versez dans ce vase assez d'eau bouillante pour qu'elle monte à deux pouces du bord de la soupière. Placez l'appareil sur un fourneau, couvrez-le avec le four de campagne sans feu dessus ; entretenez l'eau bouillante toujours au même niveau, et faites attention qu'elle n'entre pas dans la soupière : au bout de deux heures et demie retournez le gigot, et recouvrez. Il faut cinq heures de cuisson : un quart d'heure avant de servir, tirez le jus qui est dans la soupière, recouvrez le gigot, maintenez-le bouillant, passez et dégraissez le jus, mettez-le dans une petite casserole sur un grand feu, faites-le réduire en glace, servez-le sur le gigot.

### Gigot aux carottes.

Préparez et lardez votre gigot absolument comme il a été dit pour le précédent ; mettez-le dans une casserole juste à sa grandeur, avec un peu de beurre, faites-lui prendre couleur sur tous les côtés, et retirez-le ; mettez une cuillerée de farine dans le beurre, faites-le roussir d'une belle couleur blonde un peu foncée, mouillez avec deux verres de bouillon dégraissé ou de l'eau bouillante, faute de mieux ; remettez votre gigot, et si la casserole n'est pas pleine achevez de l'emplir avec du bouillon ou de l'eau : si c'est de l'eau, ajoutez un peu de sel ; assaisonnez de poivre, un bouquet garni ; couvrez et faites cuire à petit feu. Coupez des carottes bien tendres en forme de grosses olives, faites-en une bonne assiettée ; mettez-les dans

une casserole avec un morceau de beurre,
sautez-les souvent pour les colorer ; égoutez-
les du beurre et mettez-les avec le gigot une
heure avant celle du diner ; tâchez qu'elles
trempent, et pressez un peu la cuisson. Au
moment de servir, tirez le gigot, mettez-le
sur le plat, arrangez les carottes autour,
dégraissez la sauce et versez-la dessus. Il
faut quatre heures et demie de cuisson.

### Gigot à la broche.

Ayez un gigot tendre et d'excellente qualité, autrement il vaut mieux le fricasser, car
un gigot sec et dur est détestable à la broche ; donnez un coup de couteau sur la
jointure du manche, en dehors, pour la faire
plier ; battez-le avec le plat du couperet. Si
vous aimez l'ail mettez-en une ou deux
gousses dans le manche. Embrochez-le de
manière à ce qu'il soit tout-à-fait plié.

Faites d'avance un très-grand feu, cintrez-
le en sorte que le milieu offre un brasier
ardent ; mettez votre gigot seulement vingt
minutes avant de le servir ; quand il est à
moitié cuit, poudrez-le de sel fin et d'un
peu de muscade rapée ; mettez dans la lé-

chefrite deux cuillerées de bouillon dégraissé
et arrosez souvent. Au moment de l'ôter
de la broche, dégraissez exactement le jus
qui est tombé et servez-le sous le gigot.
Que le plat soit bien chaud. Vous pouvez
l'accompagner avec des haricots ou des
concombres ; alors on les met dix minutes
dans la léchefrite, et on les poivre un peu.
Il faut que ces légumes aient été cuits préalablement avec beurre et sel, et qu'ils soient
bien égouttés.

### Épaule de mouton.

Elle s'arrange des mêmes manières que
le gigot, mais elle est beaucoup moins
bonne.

### Carré de mouton et poitrine.

Ces deux morceaux se font cuire dans une
marmite, avec sel et légumes comme un pot
au feu, mais il ne faut que trois heures de
cuisson. On peut aussi, s'ils ne sont pas trop
forts, les mettre dans la même marmite
que le bœuf. En les retirant on les pane
avec de la mie de pain mêlée de sel et de
poivre, puis on les laisse un peu refroidir ;
ensuite on les met quelques minutes sur le

gril, avec un feu vif. On sert dessous une
sauce aux échalottes, ou simplement de
l'huile et du vinaigre, avec fines herbes.

### Côtelettes de mouton au naturel, et panées.

On prend un morceau de côtes découvertes, sans cela il y a trop de perte, parce
qu'il faut nécessairement les découvrir de
manière à ce que la chair soit nette et sans
peaux; on les sépare proprement; si le
mouton est petit on laisse deux os à chaque
côtelette, ensuite on en ôte adroitement un
sans déchirer la viande; on les raccourcit
un peu et on les grate avec le couteau pour
les nettoyer entièrement; on bat chaque côtelette avec le plat du couperet, on les
poivre et on les sale; on les met sur le
gril, à un feu vif. A moitié de leur cuisson
on les retourne une seule fois, comme le
beef-steak. Il ne faut qu'un quart-dheure en
tout. On les arrange en roue sur le plat.
Si on veut les paner, après les avoir salées
et poivrées on les frotte d'huile sur les deux
côtés et on les roule dans de la mie de
pain rassis qu'on a passé à travers la passoire pour la rendre plus fine; on les met

sur le gril comme les précédentes. On sert dessous une sauce aux échalottes ou piquante.

### Côtelettes en haricot distingué.

Préparez des côtelettes comme pour les mettre sur le gril, faites-les revenir des deux côtés, dans une casserole, avec un peu de beurre, jusqu'à ce qu'elles soient raides et blanches, versez dessus du bouillon dégraissé, ou de l'eau bouillante faute de mieux; qu'elles se trouvent recouvertes d'un bon pouce: ajoutez poivre, sel; si c'est de l'eau, un bouquet garni, une gousse d'ail; couvrez et faites bouillir trois heures à petit feu. Pendant ce temps épluchez de bons navets tendres, tournez-les comme des œufs de pigeon; faites un roux blond coloré (*Voyez* ce mot), avec demi-quarteron de beurre et demi-cuillerée de farine; mouillez avec deux verres d'eau, mettez vos navets dedans, ajoutez peu de sel, gros comme une noix de sucre, et un demi-quarteron de lard; faites cuire deux heures, ou plus, suivant la qualité des navets; la sauce doit se réduire au point convenable. Un quart-

d'heure avant de servir ôtez le bouquet
des côtelettes, versez-y votre ragoût de navets, dégraissez bien la sauce et servez très-
chaud.

### Pieds de mouton à la poulette.

Prenez huit pieds de moutons propres
et échaudés, mettez-les dans un pot avec
sel, une cuillerée de vinaigre, un très-petit
morceau de lard, emplissez d'eau; faites
cuire environ deux heures, à petit feu; retirez-les quand les os se détachent bien,
ôtez ceux de la jambe, nettoyez avec soin le
sang caillé et tout ce qui reste de poil;
mettez-les tout chauds dans une casserole,
avec un bon morceau de beurre frais, poivre et sel, le jus d'un citron, une pincée
de persil, ciboule, une pointe d'ail, le tout
haché; faites bouillir dix minutes en les
sautant fréquemment. Délayez dans une
assiette deux jaunes d'œufs avec une cuillerée d'eau ou mieux de lait; versez cette
liaison dans les pieds, sautez-les trois ou
quatre fois hors du feu; servez.

S'il vous en reste, faites-les frire le lendemain comme ceux de veau. ( Voyez *Pâte à*
*frire*).

### Rognons de mouton sur le gril.

Prenez des rognons, trois pour une brochette ou attelet. Trempez-les dans de l'eau tiède et enlevez la peau mince qui les recouvre. Fendez-les en-dessus par le milieu; ouvrez-les en les aplatissant et enfilez-les dans une brochette pour les maintenir ouverts; poudrez-les de sel et de poivre, arrosez-les d'un peu d'huile d'olives. Mettez-les dix minutes sur le gril, le côté creux en premier; ne les retournez qu'une fois. En les retirant, mettez dans chacun, sans les ôter de la brochette, gros comme une aveline, de beurre pétri avec fines herbes, poivre et sel. Servez de suite et très-chaud; mettez un citron à côté.

### Reste de gigot fricassé.

Prenez le reste d'un gigot, ôtez-en la graisse et les peaux. Émincez-le finement en travers. Mettez-le dans une casserole avec demi-quarteron de beurre; faites-le revenir un instant en le sautant. Retirez-le, et laissez seulement le beurre dans la casserole; mettez-y une douzaine d'échalottes hachées grossièrement; lorsqu'on les hache trop fin, cela les rend amères. Mouillez avec un verre de bouillon; un filet de vinaigre ou demi-verre de vin blanc; poivre, sel, un morceau de basilic; faites bouillir un quart d'heure, mettez votre émincé dedans. Quand il a fait quatre à cinq bouillons, dégraissez et servez.

*Hachis de mouton ou d'autres viandes mêlées (telles que veau et bœuf), couvert et cuit sous le four de campagne.*

Otez la graisse et les peaux des viandes quelles qu'elles soient; hachez-les, mais pas trop menu. Trempez un petit morceau de mie de pain dans du bouillon ou du lait, écrasez-le et mêlez-le avec la viande; ajoutez une pincée de persil, ciboule, une pointe d'ail hachés; poivre, sel, un peu de muscade rapée et de canelle en poudre. Mettez dans une casserole large et peu profonde un quarteron de beurre, faites-le un peu roussir, mettez votre hachis dedans, laissez-le revenir avant de le remuer, tâchez qu'il se colore un peu et qu'il soit sec sans être collant; s'il a besoin d'être mouillé, que ce soit avec du bouillon dégraissé. Tirez-le de la casserole, pressez-le avec l'écumoire pour en faire sortir tout le beurre, dressez-le sur un plat qui aille au feu, ayez de la mie de pain rassis et passée, faites-en une espèce de bouillie froide, avec un jaune d'œuf et du lait, une pincée de sel; étendez-la de l'épaisseur d'une ligne sur toute la surface du hachis; placez le plat sur de la cendre chaude, mettez dessus un couvercle de tourtière déjà chaud, emplissez-le de braise et de cendres rouges; il faut que le dessus du hachis forme une croûte dorée; un quart d'heure suffit si le feu est convenable; égouttez la graisse des bords du plat, s'il y en a, et servez très-chaud.

### Boulettes de viandes hachées.

Préparez et assaisonnez les viandes comme pour un hachis, mais il en faut peu. Faites-les revenir dans une casserole, comme il a été dit. Étant à moitié refroidies, mettez-y deux jaunes d'œufs, liez-les en tournant avec une cuiller. Il doit être épais et collant. Séparez-le en morceaux, formez-en des boulettes rondes ou longues, moins grosses que des œufs.

Délayez dans une terrine une demi-cuillerée de farine avec un œuf entier, un peu de sel, une demi-cuillerée d'huile; roulez chaque boulette dans cette pâte, arrangez-les sur un plat fariné. Ayez de la friture bien chaude et fumante, mettez dedans quatre à cinq boulettes, remuez toujours avec la queue d'une cuiller de bois. Lorsqu'elles sont dorées retirez-les avec l'écumoire, posez-les sur une assiette pour les faire égoutter.... Continuez de même pour les autres. Étant toutes finies, jetez dans votre friture, toujours très-chaude, une petite poignée de persil non lavé, retirez-le dès qu'il casse, il doit rester vert. Arrangez vos boulettes sur un plat chaud, placez le persil dessus en pyramide, servez brûlant.

*Nota.* Toutes les fritures doivent se faire sur le fourneau et dans un diable, afin de les soigner avec plus de facilité.

## DU VEAU.

La meilleure saison du veau est de mai en septembre, mais on en mange toute l'année.

### Tête de veau.

Otez les mâchoires d'une tête de veau bien nettoyée; lavez-la et faites-la tremper douze heures à l'eau fraîche. Mettez dans une marmite une poignée de farine, délayez-la petit à petit avec de l'eau bouillante, et tâchez qu'il n'y ait point de grumeaux. Enveloppez la tête d'un linge blanc, mettez-la dans la marmite avec une poignée de sel, un verre de vin blanc, un gros bouquet garni, une gousse d'ail; que la tête trempe bien. Couvrez et faites bouillir quatre heures à petit feu. Retirez-la, fendez proprement la peau pour ôter les deux os du crâne, recouvrez la cervelle, égouttez, et servez garni de persil.

### Langue de veau.

Comme celle de bœuf.

### Cervelles de veau à la poulette, au vin ou sans vin.

Faites dégorger deux cervelles à l'eau fraîche, pendant deux ou trois heures, ôtez la peau fine qui les enveloppe. Ayez de l'eau bouillante dans une casserole, ajoutez-y une demi-poignée de sel, une cuillerée de vinaigre, faites-y blanchir les cervelles un bon quart d'heure couvertes. Jetez-les à l'eau fraîche pour les raffermir, égoutez-les et mettez-les dans une casserole avec demi-quarteron de beurre, une tranche de lard, poivre, un bouquet garni, une gousse d'ail, une douzaine de champignons coupés en quatre. Versez dessus un verre de bouillon et un verre de vin blanc ( si vous ne les voulez pas au vin, mettez en place un verre d'eau et le jus d'un citron ). Couvrez la casserole et faites cuire à petit feu trois quarts d'heure ou une heure. Alors ôtez le lard et le bouquet, mettez dans une autre casserole trois jaunes d'œufs, délayez-les peu à peu avec la sauce des cervelles, remuez, que ce soit bien lié et d'épaisseur convenable; arrangez les cervelles dans un plat, versez la sauce dessus.

### Cervelles frites.

Pour frire des cervelles, on les fait cuire d'abord de la même manière que ci-dessus, mais on n'y met ni champignons ni liaison. Lorsqu'elles sont cuites on les divise chacune en long et en quatre morceaux; on les trempe dans la pâte à frire, au moment de les jeter dans la poêle ; on les garnit de persil frit. Les cervelles qui ont été fricassées la veille sont encore meilleures pour cet emploi.

### Foie de veau en étuvée.

Prenez un foie de veau, ôtez-en les nerfs, coupez-le en tranches minces, faites-les revenir des deux côtés avec demi-quarteron de beurre, poivre et sel ; retirez-les lorsqu'elles sont blondes, mettez dans le beurre demi-cuillerée de farine, faites un roux blond, mouillez-le avec un verre de bouillon et un verre de vin blanc, ajoutez peu de sel, mais que le poivre domine ; persil, ciboule, une pointe d'ail, six champignons, le tout haché très-fin. Faites cuire vos tranches de foie dans cette sauce, pendant une heure ; laissez réduire à point, servez avec une garniture de tranches de cornichons autour du plat.

### Fraise de veau.

La fraise de veau se fait dégorger et cuire absolument comme la tête, et se sert au naturel. On la mange avec du vinaigre. On peut aussi la faire frire quand elle est cuite et refroidie. (Voyez *Pâte à frire.*)

### Pieds de veau en fricassée de poulet et frits.

Mettez des pieds de veau blancs et propres dans une marmite, emplissez-la d'eau,

III.

ajoutez un demi-verre de vinaigre blanc, une poignée de sel, un bouquet garni ; couvrez et faites cuire deux heures au moins. Alors ôtez les gros os, coupez les morceaux de deux pouces de long ; mettez-les tout chauds dans une casserole avec un quarteron de beurre, quatre champignons, une pointe d'ail hachés très-fin ; poivre, peu de sel, muscade et cannelle en poudre : mouillez avec un verre d'eau et demi-verre de vin blanc, faites faire quelques bouillons ; délayez dans une assiette deux jaunes d'œuf, une petite pincée de persil et ciboule hachés, liez votre sauce comme il a été dit aux autres liaisons. Les morceaux de reste se font frire le lendemain, après les avoir trempés dans la pâte à frire.

### Ris de veau en fricandeau.

Prenez deux ou trois ris de veau très-frais, ôtez-en ce qu'on nomme la gorge, faites-les tremper à l'eau fraîche, deux heures au moins, et blanchir ensuite un quart d'heure à l'eau bouillante : laissez-les bien refroidir et piquez-en le dessus avec du lard très-fin ; mettez dans une casserole demi-quarteron de beurre et demi-cuillerée de farine, faites roussir d'une belle couleur, mouillez avec un grand verre de bon bouillon dégraissé (mieux de jus); ajoutez peu de sel, poivre, un bouquet garni, un peu de cannelle en poudre. Faites cuire vos ris une heure dans ce coulis; retournez-les à moitié de leur cuisson. Tandis qu'ils cuisent, épluchez un bon paquet d'oseille, quelques feuilles de poirée, une laitue, peu de cerfeuil; faites-les blanchir dix minutes à l'eau bouillante, égouttez-les, pressez-les pour en faire sortir toute l'eau; hachez-les grossièrement et les mettez dans une casserole avec un quarteron de beurre; au bout de dix minutes de cuisson, ôtez le bouquet qui est dans vos ris, retirez-en le jus et n'en laissez que ce qu'il faut pour les glacer; mettez le surplus dans l'oseille, goûtez si elle est de bon goût. Si vos ris ont été gouvernés comme il faut, leur sauce doit être réduite en glace et le côté du lard coloré. Arrangez l'oseille dans un plat, placez les ris dessus, couvrez-les du peu de glace qui est restée au fond de la casserole. Si cette glace est trop sèche, on la détache avec demi-cuillerée de bouillon.

### Du rognon et du casi.

Ils se mettent à la broche, on les fait cuire à petit feu et pendant deux heures et demie. On arrose le casi avec de l'huile fine ; le rognon s'arrose avec sa propre graisse. On les sale à moitié cuisson. Le casi est excellent piqué. La graisse de veau est très-bonne dans les ragoûts.

### Rouelle de veau en fricandeau à la chicorée.

Parez une rouelle de veau, piquez-la du plus beau côté avec du lard très-fin ; mettez-la dans une casserole, avec assez de bouillon pour qu'elle soit recouverte ; ajoutez quelques morceaux de carotte, un ognon piqué d'un clou de girofle, un bouquet garni, poivre, un peu de cannelle en poudre, un demi-quarteron de jambon : couvrez et faites cuire trois heures. Au bout de ce temps, retirez-la et tenez-la chaudement. Dégraissez le bouillon, passez-le, remettez-le sur le feu pour le réduire en glace ; quelques minutes avant de servir mettez la rouelle dans cette glace, le côté piqué en dessous, pour lui faire prendre couleur.

Vous préparerez ainsi la chicorée pendant la cuisson de la rouelle : effeuillez douze ou quinze têtes de chicorée, suivant leur grosseur ; ôtez-en le vert, lavez-la bien ; faites-la blanchir un quart d'heure à grande eau bouillante, avec une poignée de sel ; jetez-la à l'eau fraîche, égouttez-la et la pressez pour en exprimer toute l'eau. Après l'avoir hachée, mettez-la dans une casserole, avec un quarteron de beurre et du poivre ; faites-la bien cuire ; ajoutez-y une cuillerée à café de farine, et mouillez avec un peu de bouillon. Quand le jus de votre fricandeau est à moitié réduit, prenez-en quelques cuillerées, mettez-les dedans ; goûtez si elle est de bon goût. Servez le fricandeau dessus ; couvrez-le de sa glace. Un bon fricandeau doit être assez tendre pour se servir à la cuiller. Si vous le préférez à l'oseille, voyez l'article *Ris de veau*.

### Rouelle de veau à la bourgeoise.

Piquez une rouelle, avec de gros lard ; faites-la revenir avec un morceau de beurre, et prendre couleur des deux côtés ; retirez-la dans un plat ; tournez une douzaine de morceaux de carotte en forme de grosses olives ; épluchez six ou huit petits ognons blancs, faites-les un peu roussir dans le même beurre ; ôtez-les, et remettez le veau. Emplissez la casserole à moitié, avec de l'eau ou mieux du bouillon. Ajoutez un bouquet garni, poivre, un demi-quarteron de petit lard, ou une saucisse. Le veau étant à demi-cuit, remettez les ognons et les carottes. Il faut quatre heures en tout.

Dégraissez et servez, les ognons et les carottes autour.

### Poitrine de veau au blanc.

Prenez une livre et demie de poitrine ; coupez-la en morceaux carrés ; faites-les blanchir cinq minutes à l'eau bouillante ; mettez-les dans une casserole, avec demi-quarteron de beurre, un bouquet garni, poivre et sel, une pointe d'ail. Quand le beurre est fondu, ajoutez une pincée de farine ; remuez et mouillez avec un verre d'eau ou de bouillon ; faites cuire une heure et demie. Mettez le jus de la moitié d'un citron, ou une cuillerée à café de vinaigre ; délayez trois jaunes d'œufs avec une cuillerée de la sauce ; versez cette liaison dans votre ragoût, hors du feu ; faites sauter trois ou quatre fois, et servez. Les restes froids de ce ragoût se font frire comme les pieds.

### Poitrine de veau aux pois.

Prenez la même quantité de poitrine, et coupez-la de même. Au lieu de blanchir les morceaux, faites-les revenir des deux côtés avec un quarteron de beurre : ayant pris un peu de couleur, retirez-les. Mettez une demi-cuillerée de farine dans le beurre ; faites un roux blond, mouillez-le avec deux verres de bouillon ou d'eau. Ajoutez un bouquet garni, poivre, peu de sel, canelle en poudre ; remettez les morceaux de poitrine. Au bout d'une demi-heure de cuisson, mettez un litre de pois moyens dans votre ragoût ; laissez cuire encore une heure ; ôtez le bouquet ; dégraissez, et servez, la sauce étant réduite à point.

### Côtelettes de veau en papillottes.

Prenez un carré de veau qui contienne six belles côtelettes ; séparez-les proprement : ôtez l'os de l'épine, ne laissez que celui de la côte ; raccourcissez-le, et grattez-le pour en faire descendre la chair : arrondissez vos côtelettes, en en ôtant les peaux ; battez-les avec le plat du couperet. Mettez dans une casserole un morceau de beurre, une forte pincée de persil et de ciboule, une gousse d'ail, un petit morceau de lard gras et frais : le tout haché très-fin ; poivre, et très-peu de sel ; une demi-poignée de mie de pain passée. Posez la casserole sur le feu ; et faites fondre le beurre, en tournant toujours : étant fondu, trempez vos côtelettes des deux côtés dans cette marinade. Prenez une demi-feuille de papier d'office, pour chaque côtelette ; pliez-la en deux, arrondissez un peu les deux angles de devant, faites un petit trou rond au milieu du pli, frottez tout le dedans de la feuille avec de l'huile fine ; passez l'os de la côtelette par le trou, tournez-le vis-à-vis de vous, et pliez les bords du papier en rabattant toujours un pli sur l'autre, partant de la gauche et revenant sur la droite ; arrêtez le dernier pli avec un point de gros fil. Toutes vos côtelettes étant ainsi arrangées, mettez-les trois quarts d'heure sur le gril, à un feu modéré ; servez-les avec le papier.

papier. Si vous voulez l'ôter, vous mettrez dessous une sauce quelconque ; même une ravigotte froide, faite avec huile, vinaigre, échalottes hachées, poivre et sel.

### Côtelettes de veau au four , à l'anglaise.

Parez vos côtelettes comme les précédentes ; poivrez et salez-les des deux côtés ; posez-les sur le gril, à un feu ardent, cinq minutes de chaque côté ; ne laissez point sortir le jus. Beurrez le fond d'un plat qui aille au feu ; arrangez vos côtelettes dessus, sans les mettre l'une sur l'autre. Délayez deux cuillerées de farine avec trois œufs frais entiers, du sel fin, un peu de muscade râpée, deux verres de lait ; faites en sorte qu'il n'y ait point de grumeaux. Versez sur les côtelettes ; placez le plat sur un fourneau garni de cendres rouges, que vous entretiendrez telles en les renouvelant ; couvrez avec un dessus de tourtière déjà chaud, et que vous remplirez de braise. Faites cuire une heure ; que le dessus soit doré : regardez-y de temps en temps ; car, s'il était brûlé ou pas cuit, cela ne vaudrait rien. Servez dans le même plat.

### Blanquette de veau.

Coupez en tranches bien minces du veau rôti de la veille ; mettez dans une casserole un demi-quarteron de beurre, une demi-cuillerée de farine ; faites fondre le beurre, en tournant toujours ; ne lui laissez point prendre couleur ; et dès qu'il est fondu, mouillez-le avec un verre d'eau bouillante. Ajoutez un bouquet garni, une pointe d'ail, poivre et sel, le jus de la moitié d'un citron ; faites bouillir un quart d'heure : mettez ensuite votre émincé de veau, faites-le bouillir un autre quart d'heure ; retirez le bouquet. Délayez deux jaunes d'œufs avec une cuillerée de lait ; retirez la casserole du feu, versez-y cette liaison ; remuez bien, et servez. Que la sauce soit bien liée et pas trop longue. La blanquette froide est très-bonne à souper et à déjeuner.

## DU COCHON.

### Fromage de tête de cochon, aux truffes.

Prenez la moitié d'une tête de cochon, bien grasse et échaudée ; faites-la dégorger douze heures à l'eau fraîche ; grattez bien le dedans de l'oreille ; rompez l'os de la mâ-

choire, pour qu'elle tienne moins de place;
mettez-la dans une grande marmite, avec
deux poignées de sel, un fort bouquet garni,
une pincée de basilic, deux gousses d'ail.
Emplissez d'eau froide; fixez la tête au fond
du pot avec une broche de bois en travers,
pour l'empêcher de remonter à la surface :
faites-la cuire cinq heures; écumez-la en
commençant, et remettez de l'eau bouillante à mesure qu'elle s'use. Pendant ce
temps, préparez des truffes de la manière
suivante : Prenez-en un quarteron, lavez-
les à plusieurs eaux tièdes; au dernier lavage, brossez-les avec une brosse rude;
passez-les à l'eau fraîche; coupez-les en
deux, si elles sont très-grosses; mettez-les
dans une casserole, avec un verre de vin
blanc et une pincée de sel; faites-les bouillir
un quart d'heure; égouttez-les; mettez le vin
qui reste, dans la marmite de la tête : celle-ci
étant cuite, égouttez-la, désossez-la soigneusement; ôtez le globe de l'œil et la peau du palais,
mettez-la sur un grand plat, entre-coupez-la
dans tous les sens; poivrez un peu fortement, et remuez pour qu'il y en ait partout. Ayez un vase de grandeur convenable,

qui soit plus évasé du haut que du fond, et de la forme que vous voulez donner à votre fromage : mettez dans le fond un lit de viande, d'un pouce d'épaisseur ; coupez vos truffes en tranches minces ; répandez-en çà et là dessus, et en proportion de ce que vous avez à en mettre : recouvrez-les d'un lit de viande ; et ainsi de suite, en finissant par de la viande. Couvrez avec le dessous d'une assiette plate, qui s'accorde en grandeur avec le vase ; pressez fortement pour faire remonter la graisse, et mettez un poids sur l'assiette jusqu'au lendemain. Alors, renversez le fromage sur un plat. On peut le faire sans truffes. Ce mets est excellent pour les déjeuners, et pour hors-d'œuvre froid.

### Pieds de cochon à la Sainte-Menehould.

Prenez des pieds échaudés et bien propres ; fendez-les en long par le milieu, en passant entre les deux os. Faites des bandes de toile, longues de trois quarts et larges de deux pouces ; tournez-en une autour de chaque moitié de pied, en serrant ferme et ne laissant point d'intervalle ; attachez le bout avec du gros fil. Quand toutes les moitiés sont ainsi arrangées, mettez-les dans une marmite, et assaisonnez-les exactement comme la tête : faites-les cuire le même temps ; laissez-les ensuite refroidir à moitié dans le bouillon, et déroulez les bandes : frottez-les avec de l'huile fine et du poivre ; roulez-les dans de la mie de pain passée ; faites qu'elle s'attache partout. Un quart d'heure avant de servir, mettez les pieds sur le gril, à un feu vif.

Les bandes se lessivent, et resservent ensuite au même usage.

### Cuisson d'un jambon.

Ayez un jambon gras et de bonne qualité, enveloppez-le d'un torchon, mettez-le dans une marmite de grandeur convenable et dont le couvercle joigne bien ; ajoutez un gros bouquet garni, trois gousses d'ail, trois clous de girofle ; emplissez d'eau froide, faites cuire six heures, à petits bouillons, remettez de l'eau bouillante à mesure qu'elle diminue. Pour que la cuisson soit parfaite, il faut pouvoir entrer jusqu'à l'os le tuyau d'une plume. Aussitot que votre jambon est retiré, désossez-le sans le déformer, enlevez adroitement la couenne, ôtez tout ce qu'il y a de rance avec un tranche-lard, couvrez tout le dessus avec une couche de chapelure mêlée de persil haché très-fin, de deux lignes d'épaisseur; servez froid.

### Du filet de porc.

Le filet de porc se met à la broche, on sert dessous une sauce piquante. On peut le mettre aussi en fricandeau, soit à la chicorée, soit à l'oseille, comme le veau, et il est encore meilleur; on peut encore le couper en travers de l'épaisseur, de demi-pouce, le battre avec le plat du couperet, et en faire un beef-steak. (Voyez ce mot.) Enfin on peut l'accommoder aux carottes et aux oignons, comme la rouelle de veau à la bourgeoise. (Voyez ce mot.)

### Côtelettes de porc à la purée d'ognons.

Prenez quatre côtelettes de porc bien blanc, parez-les comme celles de veau, battez-les avec le plat du couperet, salez et poivrez des deux côtés, frottez-les d'huile fine et roulez-les dans de la mie de pain passée; mettez-les trois quarts d'heure sur

le gril, ne les retournez qu'une fois ; servez-les sur une purée d'ognons faite comme il suit : coupez douze beaux ognons en
rouelles bien minces, mettez-les dans une
casserole avec demi-quarteron de beurre,
remuez-les souvent pour qu'ils jaunissent
également ; quand ils sont d'un blond doré,
mouillez-les avec un demi-verre d'eau ou de
bouillon, ajoutez poivre et sel, laissez-les
cuire trois quarts d'heure ; passez-les à travers la passoire fine, ajoutez une bonne
cuillerée de moutarde ; servez très-chaud.
On peut supprimer la moutarde.

### Cochon de lait à la broche.

Le cochon de lait étant bien saigné, mettez-le à la crémaillère dans une grande chaudière pleine d'eau froide, veillez à ce qu'elle
le recouvre partout, et retournez-le de
temps en temps ; quand l'eau commence à
être passablement chaude, essayez si la soie
se détache et laissez-le jusqu'à ce qu'elle
s'enlève facilement, alors retirez la chaudière du feu, frottez lestement le cochon
avec le dos d'un couteau. Le tour des yeux,
les oreilles et le bout des pieds sont les

parties les plus difficiles à nettoyer ; trempez-le de temps en temps dans la chaudière jusqu'à ce que vous soyez parvenue à le rendre parfaitement net, alors videz-le, mettez-lui dans le corps un bouquet garni, basilic, poivre et sel ; cousez-le, retroussez-le comme s'il était agenouillé, et relevez-lui la queue sur le dos en la piquant dans la peau ; faites-le dégorger douze heures dans l'eau fraîche, ensuite essuyez-le et le séchez en le frottant avec de la farine ; mettez-le à la broche, à petit feu, arrosez-le avec beaucoup d'huile et à chaque instant, en le dorant avec une plume ; salez-le à moitié cuisson, pressez le feu sur le dernier quart-d'heure ; il faut deux heures ; servez-le sortant de la broche, avec une sauce piquante, aux échalottes, ou seulement des citrons entiers.

Pour découper le cochon de lait, on commence par détacher la tête, ensuite on lève les deux épaules, puis les deux cuisses ; on détache la naissance de la queue en forme de lozange ; on fend l'épine du dos tout du long, on sépare les côtes en morceaux ; on fend la tête en deux, qui, avec la queue, les pieds de devant, et les côtes, sont les morceaux les plus délicats, ainsi que la peau.

Les restes froids se mettent en blanquette (Voyez celle de veau), et les restes de cette blanquette se font frire.

### Petit salé à la purée.

Mettez dans une casserole demi-quarteron de beurre, et une demi-cuillerée de farine, faites un roux blond, mouillez-le avec deux verres d'eau ou de bouillon, ajoutez poivre et un bouquet garni ; prenez un morceau de petit salé, lavez-le à trois eaux tièdes, mettez-le dans le roux ; au bout de demi-heure de cuisson ajoutez un litre et demi de pois verts, faites-les cuire une heure, ensuite ôtez le bouquet, passez les pois en purée, servez le petit salé dessus ; si ce sont des pois secs ou des lentilles que vous employez, il n'en faut que demi-litre, et vous les mettrez à l'eau froide en même temps que le salé, le beurre et le bouquet ; vous ne ferez point de roux ; vous ferez cuire trois heures.

### Du sanglier.

Le sanglier est un mauvais manger, si l'on en excepte le filet et les côtes : encore faut-il savoir les accommoder, voici la manière : Il faut d'abord le laisser mortifier, ensuite séparer les côtes après les avoir dépouillées de la peau qui a quelquefois un pouce; si c'est du filet, coupez-le en travers par tranches de demi-pouce d'épaisseur, mettez dans une casserole demi-quarteron de beurre, avec une pincée de persil, ciboule, demi-gousse d'ail, basilic, thym, le tout haché très-fin, placez dessus vos côtelettes de manière à ce qu'elles ne soient pas l'une sur l'autre; poivrez et salez-les des deux côtés, en les retournant; quand elles sont bien raidies retirez-les dans un plat, versez la marinade dessus, et laissez-les ainsi pendant vingt-quatre heures. Une demi-heure avant le dîner, remettez-les dans une casserole avec leur marinade; quand elle frémit, mouillez avec un verre de bouillon et demi-cuillerée de vinaigre; dégraissez et servez, garni de tranches de cornichons.

### DE LA VOLAILLE.

Toute espèce de volaille se plume aussitôt tuée; on la flambe sur du charbon ardent, on brûle les pates, puis on les frotte pour en lever la peau écailleuse; on la vide de suite et promptement; on écrase l'os saillant de l'estomac des dindons, poulets et pigeons, on coupe le dessous du bec et le bout des ailes.

### Du dindon.

C'est à la fin d'octobre que les jeunes dindons commencent à engraisser et à être bons pour la broche; ils sont encore meilleurs à Noël et jusqu'à la fin de janvier, après cela ils maigrissent et prennent un goût désagréable. Quand vous troussez un dindon pour la broche, laissez les pates, ôtez le cou et rabattez-en la peau sur le dos; pour le rendre plus délicat mettez-lui dans le corps, gros comme un œuf de beurre pétri avec sel, ciboule et persil hachés, demi-cuillerée de vinaigre; arrosez-le souvent; quand il est à moitié cuit, flambez-le avec un morceau de lard frais enveloppé d'un papier blanc et piqué dans une brochette, mettez-y le feu et tenez-le suspendu au-dessus du dindon à mesure qu'il tourne, la graisse qui tombe enflammée pénètre dans les chairs et les attendrit; si vous ne flambez pas, salez-le en dessus. Vous pouvez le piquer sur les deux côtés de l'estomac, ce qui le rend très-bon. Il faut deux heures de cuisson. Servez-le avec son jus dégraissé.

On peut aussi le farcir avec des pommes-de-terre crues, tournées en forme de noix et pétries dans du beurre mêlé de fines herbes, poivre et sel, ou des marrons qu'on passe un instant à la poêle percée, pour les éplucher plus facilement, ou enfin avec des truffes; voici de quelle manière on les prépare : prenez une demi-livre ou trois quarterons de truffes, lavez-les comme pour la tête de cochon, mais ne les faites pas cuire, pelez-les et mettez la pelure à part; coupez-les en tranches. Hachez les pelures avec pincée de persil, ciboule, poivre et sel, le foie du dindon et un peu de lard gras, ajoutez un petit morceau de beurre. Pétrissez le tout ensemble avec les tranches de truffes. Mettez cette pâte dans votre dindon, cousez-le. (On doit le farcir trois jours d'avance.) Enveloppez-le de papier blanc huilé et mettez-le ainsi à la broche. Otez le papier avant de servir et versez le jus dans le plat.

Les cuisses froides se mettent sur le gril avec poivre et sel, on les sert sur une purée d'ognons. (Voyez *Côtelettes de porc.*)

Les blancs se mettent en blanquette, mouillée avec du lait au lieu d'eau; ou bien avec une rémolade froide, faite comme il suit : prenez persil, ciboule, estragon, cresson alénois, demi-gousse d'ail, hachez le tout extrêmement fin; ajoutez poivre et sel, une bonne cuillerée de moutarde, un jaune d'œuf dur; délayez en tournant long-temps et versez peu à peu, deux cuillerées d'huile, une de vinaigre. Coupez vos blancs de dindon bien proprement, dressez-les sur un plat, versez la rémolade dessus.

### Vieux dindon en daube.

Prenez un vieux dindon; ôtez les pates, les ailerons et le cou. Piquez une demi-livre de rouelle de veau avec du gros lard, faites-la revenir un instant dans la casserole, mettez-la ensuite dans le corps du dindon ; troussez-le proprement. Placez dans le fond d'une daubière, une barde de lard gras sans rance, placez l'estomac de votre din-don dessus, mettez-lui sur le dos une autre barde, en tout demi-livre. Ajoutez un bou-quet garni, un ognon piqué d'un clou de girofle, un peu de cannelle en poudre, poi-vre, deux cuillerées d'eau-de-vie ; emplis-sez d'eau, mieux de bouillon. Couvrez et garnissez le couvercle avec un linge mouillé. Faites cuire à petits bouillons qua-tre heures sans interruption ; passez le jus dans un linge serré, mettez-en un peu sous le dindon, gardez le reste pour servir froid le lendemain.

### Abattis aux navets.

Prenez les abattis d'un vieux dindon, le foie et le gésier ; flambez les ailerons, la tête et le cou ; brûlez les pates, nettoyez le gésier et coupez-le en quatre. Mettez dans une casserole un demi-quarteron de beurre, faites revenir de tous côtés vos abat-tis, foie et gésier. Coupez un quarteron de petit lard en quatre, faites-le revenir aussi.

Retirez le tout, ne laissez que le beurre, ajoutez-y une cuillerée de farine, faites roussir de belle couleur, mouillez avec deux verres d'eau. Mettez du poivre, un bouquet garni, remettez les abattis ; il faut deux heures de cuisson. Tournez des navets comme de grosses olives, faites-les blanchir un quart d'heure à l'eau bouillante, égouttez-les. Une heure avant de servir, mettez-les dans votre ragoût avec gros comme une noix de sucre. Dégraissez et servez.

### Du pintadeau.

Il se met des mêmes manières que le dindon. C'est un très-bon manger.

### Chapon au gros sel.

Le chapon au gros sel s'arrange comme le dindon en daube, mais on ne met pas de veau dans le corps, et on ajoute dans le bouillon un demi-quarteron de jambon. On le sert avec deux pincées de gros sel répandu sur l'estomac et un peu de son jus dessous. Il lui faut deux heures de cuisson. La cuisse du chapon est plus délicate que l'aile.

## Chapon au riz

Otez le cou du chapon, piquez-le sur les deux côtés de l'estomac avec du lard fin ; troussez-le en pliant ses pates en dessus. Ficelez-le à l'endroit des pates et des ailes. Mettez sur le feu une casserole proportionnée à la grosseur du chapon, emplissez-la aux trois quarts avec moitié eau, moitié bouillon, faites bouillir ; alors mettez-y le chapon l'estomac en-dessous ; ajoutez poivre, un peu de muscade râpée, un demi-quarteron de jambon, couvrez. Au bout d'une heure, mettez quatre cuillerées combles de riz de Caroline, lavé et épluché ; laissez-le cuire une heure à très-petits bouillons, ne le remuez pas si vous ne voulez pas qu'il s'attache, mais si vous avez remué une fois il faut continuer. Retirez le chapon, arrangez le riz autour, qu'il soit plutôt sec que trop clair et point écrasé ; poivrez-le légèrement en dessus et couvrez-le de quelques cuillerées de jus coloré et de bon goût.

### Poulet gras à la broche.

Retroussez un poulet gras les pates allongées, le cou renversé sur le dos, les ailerons tournés en arrière; mettez-lui dans le corps une boulette de beurre frais, poivre et sel, un filet de vinaigre. Couvrez-lui l'estomac d'une barde de lard frais; ficelez-le. Faites-le cuire une heure à la broche à un feu doux. Arrosez-le d'huile d'olive.

### Fricassée de poulet.

Prenez un poulet bien blanc et bien nettoyé; enlevez-lui les cuisses, puis les ailes en tirant avec la main gauche dès que la jointure est séparée, afin de ne point entamer les blancs; coupez le cou en deux morceaux; enlevez l'estomac tout d'une pièce; séparez le croupion du dos en le renversant en-dessus. Coupez avec des ciseaux le bout des côtes qui dépassent le morceau du dos, ainsi que les peaux qui pendent autour du croupion. Coupez le gésier en deux, nettoyez-le, ôtez le fiel du foie. Séparez les pates des cuisses, coupez un peu la jointure de celles-ci en dessus, pour les faire plier ; rognez l'os du bas et du haut en repoussant la chair. Raccourcissez aussi l'os de chaque aile. Faites bouillir de l'eau, jetez-y tous vos morceaux et laissez-les tremper quelques minutes ; égouttez-les ensuite sur un torchon. Mettez dans une casserole un quarteron de beurre, une cuillerée de farine ; faites fondre en tournant toujours. Dès que le beurre est fondu, mouillez avec deux verres d'eau bouillante ; ajoutez sel, poivre, muscade rapée, un bouquet garni, une gousse d'ail, six champignons coupés en quatre, le jus d'un citron. Mettez votre poulet, faites-le bouillir trois quarts d'heure ; retirez le bouquet et laissez réduire la sauce au point convenable. Délayez dans une assiette trois jaunes d'œufs avec une cuillerée de dessus de lait ; retirez les morceaux de poulet, dressez-les en pyramide sur un plat, l'estomac, les deux cuisses et les deux ailes en-dessus. Mettez votre liaison dans la sauce hors du feu, tournez pour lier, versez sur le poulet. On peut supprimer les champignons, mais c'est moins bon.

Les restes froids peuvent se faire frire,

on les garnit de persil; c'est un très-bon plat. (Voyez *Pâte à frire.*)

### Poulet à la tartare.

Prenez un poulet gras, ôtez-en les pates et le cou, fendez-le sur l'estomac d'un bout à l'autre, ouvrez-le et l'aplatissez avec le plat du couperet; faites fondre dans une casserole un demi-quarteron de beurre, avec persil et ciboule hachés, poivre et sel; frottez-en votre poulet de tous côtés, que tout s'y attache. Prenez une feuille de papier d'office, graissez-la en dedans avec de l'huile, enveloppez-en le poulet, cousez le bout du papier. Mettez une demi-heure sur le gril à un feu doux, le côté de l'estomac en premier, et ne retournez qu'une fois. Otez le papier; servez sur une sauce froide, comme il suit : Hachez bien menu persil, ciboule, estragon, deux échalottes; délayez-les avec deux cuillerées d'huile et deux de vinaigre, poivre et sel.

### Volaille au jus.

Prenez un poulet ou une jeune poule d'un an, grasse et en chair; ôtez le cou. Piquez les deux côtés de l'estomac. Mettez dans le fond d'une casserole juste à sa grandeur, une barde de lard; placez dessus la volaille, l'estomac en dessous; assaisonnez de poivre, demi-quarteron de jambon, une tranche de veau, un clou de girofle, la moitié d'une carrotte roussie sur les charbons, le jus de la moitié d'un citron, un verre de bouillon. Couvrez; faites mijoter trois heures à petit feu. Passez et dégraissez le jus; servez-le sous la volaille.

### Du coq et de la poule.

Ils ne sont bons qu'à mettre dans le pot. On les sert avec du gros sel sur l'estomac.

### Salade de volaille.

Lorsqu'on a des restes de volaille rôtie, soit dindon, soit poulet, on peut les servir sur une salade qu'on dresse ainsi : Mettez dans le fond d'un saladier quelques cœurs de laitue coupés en quatre, ou de la romaine bien blonde; dressez-les de manière que le dessus soit plat et égal. Arrangez vos blancs, même cuisses ou ailes, en pyramide sur le milieu; coupez deux œufs durs en quatre, placez-les autour. Mettez symétriquement près du faîte de la pyramide de viande, quatre ou six filets d'anchois ; couronnez le milieu d'une pincée de cerfeuil, ciboule, estragon, cresson alénois, hachés grossièrement. Faites derrière les quartiers d'œufs un cordon de tranches de cornichons et d'olives, et enfin autour du saladier un autre cordon de fleurs de capucine. Assaisonnez la salade avant de la servir, mais ne la retournez-pas. Il faut quatre cuillerées d'huile, une et demie de vinaigre, qu'on verse principalement sur la viande et les œufs, peu de sel s'il y a des anchois, du poivre, une cuillerée de moutarde. En hiver on peut la dresser avec de la chicorée ou des mâches, céleri et betteraves cuites, le tout arrangé avec goût et symétrie. Une salade bien dressée orne très-bien une table.

### Du sang de poulets et dindons.

Le sang des poulets et des dindons est très-bon et très-délicat arrangé de la manière suivante : Mettez dans une petite terrine un morceau de lard gras, une pincée de persil et ciboule, un peu de thym, le tout haché très-fin ; ajoutez-y du poivre et un filet de vinaigre ; faites saigner votre volaille au-dessus de la terrine en sorte que tout le sang tombe dedans ; remuez-le un peu et laissez-le refroidir ; alors coupez-le dans tous les sens, pour qu'il soit comme à demi-haché ; mettez-le dans une casserole avec gros comme une noix de beurre ; faites cuire un bon quart d'heure ; ajoutez une demi-cuillerée de vinaigre ; goûtez si le sel est à point ; servez très-chaud, avec un cordon de tranches de cornichons.

### Canard domestique à la broche.

Les canards domestiques bien engraissés sont excellens depuis le commencement de septembre jusqu'à la fin de janvier ; mais avant de les mettre à la broche, il faut les saler dans le corps, et y ajouter *deux feuilles de sauge* ; sans cela ils sont insipides.... Peu de personnes connaissent cette recette, qui les rend préférables aux canards sauvages. Le canard doit cuire à un feu vif et égal ; une demi-heure suffit. On le sale à moitié cuisson ; on l'arrose avec sa propre graisse. Vous pouvez servir dessous des tranches de pommes-de-terre cuites à l'eau, que vous

mettrez cinq minutes avant dans la léchefrite; vous les poivrerez un peu. La tête, le
cou et les ailerons du canard ne se servent
pas.

### Canard aux navets.

Troussez un canard gras; mettez dans une
casserole, un demi-quarteron de beurre,
une cuillerée de farine; faites un roux blond;
mouillez-le avec une chopine d'eau bouillante ou de bouillon chaud; ajoutez poivre,
peu de sel ( point si c'est du bouillon ), un
bouquet garni, faites bouillir. Alors mettez
votre canard le ventre en dessous, avec
un quarteron de petit lard coupé en morceaux. Épluchez huit navets, coupez-les
en quatre, arrondissez-en les bouts avec
propreté; mettez-les dans une casserole à
part, avec demi-quarteron de beurre; faites-
leur prendre un peu couleur de tous les
côtés, égouttez-les du beurre et mettez-les
avec le canard une bonne demi-heure avant
de servir; ajoutez-y gros comme une noix
de sucre. Il faut en tout deux heures de
cuisson. Otez le bouquet, dégraissez bien la
sauce, dressez les navets autour du canard.

### Canard au vin blanc.

Troussez un canard gras. Mettez dans le fond d'une casserole une barde de lard ; posez dessus votre canard, le ventre en dessous ; ajoutez un bouquet garni, une forte pincée de coriandre, une gousse d'ail, un clou de girofle, la moitié d'une carotte, un ognon, gros comme un œuf de beurre manié avec une pincée de farine, deux verres de bouillon, un verre de vin blanc ; faites bouillir doucement une heure et demie ; passez la sauce au tamis, et servez, en y ajoutant une cuillerée de coulis si vous en avez.

### Canard aux olives.

Troussez un canard gras ; faites-le revenir des deux côtés avec un morceau de beurre et quelques morceaux de petit lard. Retirez le canard et le lard ; mettez une cuillerée de farine dans le beurre ; faites un roux un peu coloré ; mouillez avec une chopine d'eau bouillante ou de bouillon chaud ; ajoutez poivre, un bouquet garni, remettez le canard le ventre en dessous, et le lard ; faites cuire deux heures ; laissez réduire la sauce à point. Prenez un peu plus d'un verre d'olives noires ou vertes, ôtez les noyaux en tournant adroitement autour avec un couteau, en sorte que la pulpe forme comme un ruban en spirale; jetez-les à l'eau bouillante, mais hors du feu; égouttez-les au bout de quelques minutes. Dégraissez bien la sauce du canard; ôtez le bouquet et le lard; mettez les olives; faites-leur faire un bouillon et servez.

### Canard aux pois.

Arrangez votre canard exactement comme le précédent. Prenez, au lieu d'olives, un litre de pois nouveaux et moyens; mettez-les avec le canard une heure avant de servir; ôtez le bouquet; servez avec le lard.

## DE L'OIE.

### Manière d'arranger les ailes et les cuisses d'oies pour les conserver.

Nettoyez bien vos oies, flambez-les. Mettez dans le corps de chacune trois feuilles de sauge et du sel. Faites-les cuire une heure à la broche, pas davantage. Recevez la graisse dans une léchefrite propre, et videz-la à mesure qu'elle s'emplit; n'arrosez point les oies; quand vous les avez tirées de la broche,

détachez proprement les cuisses et les ailes ;
rognez le bout des os , laissez-les refroidir.
Mettez toute la graisse que vous avez reçue,
dans un chaudron, ajoutez-y moitié saindoux,
faites bouillir dix minutes. Ayez des pots de
grès de dix-huit pouces de haut et dont le
fond puisse tenir deux cuisses de front ;
placez-en deux, poudrez-les d'un peu de sel
et de poivre , mettez une feuille de laurier
sur chaque ; posez deux ailes dessus, assaisonnez-les de même, et ainsi de suite en les
tassant bien ; emplissez vos pots de graisse
bouillante , laissez refroidir jusqu'au lendemain. Il faut que le dernier rang de cuisses
ou d'ailes soit recouvert d'un pouce de
graisse. Bouchez les pots avec un parchemin
mouillé, ficelez-les, mettez-les dans un lieu
frais, mais non humide. C'est à Noël que les
oies sont meilleures à cet usage , on les engraisse d'avance. (Voyez cet article.) Les carcasses ne sont bonnes qu'à fricasser pour les
domestiques.

Cuisses et ailes d'oies sur le gril.

Lavez-les à deux ou trois eaux tièdes, frottez-les d'huile, panez-les, et les mettez une

demi-heure sur le gril. Servez-les sur une sauce à la moutarde. (Voyez ce mot.)

### Cuisses et ailes d'oies en haricot.

Lavez-les comme les précédentes, mettez-les dans une casserole avec demi-quarteron de beurre, faites-les revenir des deux côtés, retirez-les. Mettez dans le beurre une vingtaine de morceaux de navets tournés proprement, faites-leur prendre couleur, égouttez-les et mettez dans le beurre une cuillerée de farine, faites un roux, mouillez-le avec deux verres de bouillon ou d'eau, poivrez, ajoutez un bouquet garni. Remettez vos membres d'oies, faites les bouillir demi-heure, joignez-y les navets avec gros comme une noix de sucre; laissez cuire encore une heure, dégraissez et servez.

### Des pigeons de volière.

Les pigeons de volière sont les meilleurs de l'espèce. On ne les saigne pas, mais on les étouffe. Quand vous voulez les mettre à la broche, prenez-les au moment où ils se préparent à descendre du nid, parce que lorsqu'ils commencent à manger seuls ils mai-

grissent pendant huit jours, mais ils rede-
viennent promptement gras. Il faut donc
avant de les prendre les observer et les connaître. Il y en a toute l'année si on les nourrit bien. Ils n'ont pas besoin d'être mortifiés
comme les autres volailles ; on peut les prendre au moment du dîner, ce qui les rend
d'une grande ressource.

### Pigeons à la broche.

Prenez deux pigeons bien propres et flam-
bés ; qu'aucun grain surtout ne reste dans
le corps, ce qui suffirait pour dégoûter d'en
manger. Troussez-leur le cou tourné sur le
dos, les ailerons renversés en arrière et les
pates allongées ; coupez les premières pha-
langes des doigts, enlevez le dessous du bec,
mettez leur du sel dans le corps, bardez-les
sur l'estomac, enveloppez de feuilles de vi-
gne beurrées ou huilées (si c'est la saison),
ficelez-les ; faites les cuire trois quarts
d'heure à petit feu (s'ils sont gros) arrosez-
les souvent avec de l'huile fine. Ne les servez point desséchés, le pigeon doit rendre
du jus en le découpant. Les gros pigeons se
partagent en quatre ; le bas qu'on nomme la
culotte, est le meilleur à offrir.

### Pigeons en compote.

Prenez un ou deux gros pigeons, ôtez le cou, repliez les pates sur le ventre ; ficelez-les, aplatissez-les un peu, faites les blanchir un quart d'heure à l'eau bouillante ; essuyez-les, arrosez-leur l'estomac avec un jus de citron. Mettez dans une casserole un quarteron de beurre, une cuillerée de farine, faites un roux blond peu coloré, mouillez avec deux verres de bouillon chaud et demi-verre de vin blanc ; ajoutez poivre, un bouquet garni, un quarteron de jambon, huit champignons coupés en quatre ; placez vos deux pigeons l'estomac en dessous, couvrez et faites cuire deux heures à petit feu. Pendant ce temps faites blanchir à l'eau bouillante douze ou quinze petits ognons blancs, égouttez-les, une demi-heure avant de servir mettez-les dans votre ragoût : faites réduire à point ; ôtez le bouquet et le jambon ; dégraissez et servez, les ognons rangés autour des pigeons.

### Pigeons aux pois.

Ils s'arrangent exactement comme le canard aux pois; (Voyez ce mot.) Mais il ne leur faut qu'une heure et demie de cuisson.

### Pigeons en crapaudine.

Prenez deux jeunes pigeons bien propres ; ôtez les cols, troussez les pates sur le ventre, passez-les sous la peau; retournez les ailerons en arrière. Placez-les sur le billot l'estomac en dessous, frappez-les avec le plat du couperet pour les aplatir, mais ne les écorchez pas. Faites fondre demi-quarteron de beurre avec sel, poivre, une pointe d'ail haché ; tournez vos pigeons dedans, que tout le beurre s'y attache... Panez-les bien épais. Mettez-les demi-heure sur le gril, le ventre le premier, ne les retournez qu'une fois. Servez-les sur une sauce aux échalottes, (Voyez ce mot.) ou une sauce froide à l'huile et au vinaigre avec échalottes grossièrement hachées.

### Pigeons en salmi.

Prenez les restes de pigeons rôtis et les bardes s'il y en a ; mettez-les dans une casserole avec gros comme une noix de beurre, faites-les revenir de tous côtés; ajoutez une pincée de farine, mieux une cuillerée de chapelure. Mouillez avec demi-verre de bon vin rouge et demi-verre de bouillon. Mettez huit échalottes hachées, poivre, sel, six petites croûtes de pain comme des pièces de cinq francs, deux cuillerées d'huile fine ; faites bouillir un quart d'heure ; servez les croûtons en dessus.

### DU GIBIER.

#### Du chevreuil.

Le peu d'habitude qu'on a de manger du chevreuil à Paris, fait qu'on ignore absolument la manière de le préparer. Tous les livres de cuisine répètent l'un après l'autre qu'il faut le mariner avec du vinaigre, ail, force sel, etc..... Rien ne le rend plus détestable. Aussi peu de personnes l'aiment. Voici la manière d'arranger le filet et le gigot qui sont les meilleurs morceaux.

#### Filet de chevreuil sur le gril.

Levez un filet de chevreuil, nettoyez-le soigneusement des poils qui s'y attachent en l'écorchant. Piquez-le de part en part avec de petits lardons très-près les uns des autres ; deux rangs suffisent. Salez-le très-peu ; poi-

vrez, versez de l'huile dessus. Laissez-le
ainsi trois ou quatre heures, retournez-le de
temps en temps pour que l'huile s'attache
partout. Mettez-le sur le gril une bonne demi-
heure, à un feu vif ; ne le retournez qu'une
fois. Servez-le sur une sauce piquante avec
un cordon de cornichons autour du plat.
C'est un mets des plus recherchés et des
meilleurs.

Gigot de chevreuil à la broche.

Piquez-le et préparez-le cinq heures d'a-
vance comme le filet. Mettez-le une heure
à la broche à un feu vif. Arrosez – le
avec l'huile qui a servi à le mariner. En le
retirant de la broche, répandez dessus un
jus de citron. Servez à côté, dans la saucière,
une sauce piquante dans laquelle vous ajouterez le jus qui est tombé dans la lèchefrite,
après l'avoir dégraissé.

Le chevreuil n'a besoin que de deux jours
pour être suffisamment mortifié. Dès qu'il est
tué, il faut l'ouvrir et le vider. C'est en novembre et décembre qu'il est meilleur.

#### Lièvre et levraut à la broche.

Pour les retrousser, ouvrez les deux cuisses, aplatissez-les, retournez les deux pates de manière à ce qu'elles se croisent, laissez un peu de poil au bout de chacune, attachez-les avec une ficelle; relevez la queue sur le dos, piquez-en le bout dans la peau, pour la maintenir. Piquez tout le long des filets de deux rangs de petits lardons, mettez-en trois ou quatre rangs sur le dessus de chaque cuisse. Attachez le foie dans l'intérieur, et, quand il sera à moitié cuit, retirez-le pour faire la sauce que j'indiquerai.

Il faut cinq quarts d'heure pour cuire un lièvre et trois pour un levraut.... L'un et l'autre à un feu très-doux, sans cela ils se racornissent; on les arrose d'huile.

La sauce se fait ainsi et ordinairement à table : Prenez le foie à moitié cuit, coupez-le sur une assiette, écrasez-le bien avec une fourchette, qu'il soit réduit en pâte. Ajoutez-y une pincée d'échalottes hachées, poivre, sel, quatre cuillerées de vinaigre; remuez pour lier. Si l'on a mis le foie dans un civet, servez une sauce piquante dans la saucière.

Le râble et le dessus des cuisses sont les seuls morceaux qu'on offre, d'un lièvre ou d'un levraut à la broche.

### Civet de lièvre.

Lorsqu'un lièvre pèse sept à huit livres, il est assez d'usage de mettre tout le devant en civet, et le derrière ainsi que le bas du filet à la broche. Supposant ce cas, coupez-le après l'avoir écorché, et recueillez le sang dans un plat. Séparez la tête, fendez-la en deux; levez les deux ailes, faites-en deux morceaux; coupez le reste du corps en quatre. Mettez aussi le foie, qui est encore plus nécessaire au civet qu'au rôti. Coupez un quarteron de petit lard en quatre, faites-le revenir avec demi-quarteron de beurre; quand il a pris couleur, retirez-le; faites revenir aussi tous les morceaux de lièvre, excepté le foie; étant bien raffermis, ôtez-les, mettez dans le beurre une demi-cuillerée de farine, remuez-la pour la lier, mais ne faites pas roussir; mouillez avec une chopine de très-bon vin rouge et un demi-verre de vinaigre. Remettez le lièvre, le foie et le lard, mais gardez le sang. Assaisonnez de peu de sel, poivre, un bouquet garni auquel vous ajouterez une branche de basilic, une gousse d'ail, deux échalottes. Faites bouillir à petit feu, deux heures pour un vieux lièvre, une et demie s'il est tendre ; tâchez que les morceaux ne s'écrasent pas. Retirez le foie au bout de demi-heure de cuisson, et dix minutes avant de servir, écrasez-le en pâte, mêlez-le avec le sang, ajoutez-y deux cuillerées de la sauce du civet, liez bien en tournant et versez dans votre ragoût, après l'avoir bien dégraissé et en avoir ôté le bouquet. Sautez-le hors du feu, servez en dressant proprement les morceaux.

### Salmi de lièvre rôti.

Prenez les restes d'un lièvre rôti, coupez les chairs en filets propres et égaux, donnez quelques coups de couperet sur les os ; mettez-les dans une casserole avec très-peu de beurre, un bouquet garni, une gousse d'ail, trois échalottes hachées, une cuillerée d'huile fine, une demi-cuillerée de farine, poivre et sel. Faites revenir un moment ; mouillez avec deux verres de vin rouge, un filet de vinaigre ; faites bouillir demi-heure, passez la sauce au tamis; mettez-la dans une autre casserole avec les filets de lièvre, laissez-les bouillir un quart d'heure, servez. La sauce doit être courte et liée.

### Pâté de lièvre en terrine.

Prenez un lièvre nouvellement tué, désossez-le le mieux possible, coupez les chairs en tranches de quatre lignes d'épaisseur. Prenez une livre de lard gras, ôtez-en la couenne et le dessus, coupez-le dans son sens le plus large, en bardes minces; hachez très-fin une demi-poignée de ciboules, autant de persil, deux feuilles de laurier, une branche de thym, une de basilic, une gousse d'ail; ajoutez-y pas mal de poivre, point de sel. Ayez une petite terrine de terre brune en dehors, blanche en dedans, qui aille au feu, assez propre pour être servie sur la table et dont le couvercle joigne bien. Garnissez-en le fond avec des bardes qui se joignent sans se recouvrir, mettez dessus un lit de tranches de lièvre arrangées avec le même soin; rognez celles qui sont trop grandes, vous placerez les morceaux dans les vides; répandez également dessus quelques pincées

de

de vos herbes hachées ; remettez une couche
de lard, une de lièvre, une d'herbes et ainsi
de suite, en finissant par du lard ; versez des·
sus un verre d'eau-de-vie. Mettez la terrine
sur de la braise mêlée de cendres, enfoncez-
la dans le fourneau, remontez des cendres
autour, couvrez le tout d'un four de campagne froid et sans feu. Faites bouillir ainsi
quatre heures. Entretenez le feu égal pour
que votre pâté ne cesse jamais de bouillir ;
faites bien attention qu'il ne s'attache pas.
Nettoyez le dehors et le couvercle de la terrine, servez froid. Ce pâté est excellent et
se conserve long-temps.

### Lièvre au chaudron, ragoût de chasseur.

Prenez un lièvre encore chaud, dépecez-
le comme pour un civet. Recueillez le sang,
mettez-le dans un chaudron avec le lièvre,
un quarteron de lard coupé en morceaux,
un gros bouquet garni, un ognon, peu de
sel, force poivre, une pinte et demie de très-
bon vin rouge bien spiritueux. Accrochez le
chaudron à la crémaillère sur un feu clair et
de bois sec ; qu'il entoure le chaudron, et
qu'au premier bouillon le vin s'enflamme :

quand il a cessé de brûler, roulez légèrement un quarteron et demi de beurre dans de la farine, ajoutez-le à votre lièvre. Laissez diminuer la sauce; il ne faut que demi-heure en tout.

### Du lapin et du lapereau.

Les lapins de garenne et des champs sont les seuls estimés. Néanmoins quelques personnes font une grande consommation de lapins domestiques. Le lapereau de l'une et l'autre espèce se sert à la broche; il se pique et se trousse comme le lièvre; mais si c'est un clapier, il faut le vider aussitôt tué et lui mettre dans le corps un bouquet de thym, laurier, sauge et basilic, poivre et sel. On retire le bouquet avant d'employer le lapin.

### Lapereau en giblotte.

Prenez un lapereau; levez-en les deux ailes et les deux cuisses; coupez le râble en trois morceaux, ôtez les peaux du ventre. Séparez les ailes en deux et les cuisses en trois morceaux. Le reste sert pour les domestiques. Coupez un quarteron de petit lard en six, mettez-le dans une casserole avec un demi-quarteron de beurre et tous les morceaux de lapereau, faites-les revenir. Dès qu'ils ont pris couleur, retirez-les et mettez dans le beurre une cuillerée de farine, faites un roux blond, mouillez avec un verre de bouillon chaud et deux verres de vin blanc; ajoutez poivre, un bouquet garni, une gousse d'ail, six champignons coupés en quatre. Remettez-le lapereau et le lard, faites bouillir doucement une heure et demie, et que les morceaux ne soient point écrasés. Otez le bouquet, dégraissez bien la sauce, faites-la réduire à point; servez en dressant proprement.

Lapereau en papillote.

Prenez les deux ailes et les deux cuisses d'un lapereau. Mettez dans une casserole un morceau de beurre, persil, ciboule, basilic, demi-gousse d'ail, le tout haché; poivre et sel. Passez dedans les quatre membres; dès qu'ils sont raidis, retirez-les. Versez le beurre dessus, et laissez refroidir. Alors étendez le beurre qui a coulé dans le plat, de manière à ce qu'il s'attache entièrement aux ailes et aux cuisses du lapereau. Huilez en dedans quatre demi-feuilles de papier d'office ; enveloppez-en les morceaux, et mettez-les sur le gril une demi-heure, à feu doux. Ne les retournez qu'une fois. Otez les papiers ; servez sur une sauce à la moutarde.

### Du canard sauvage et des halbrans.

Le canard sauvage ne se mange guère qu'à la broche. Les jeunes, qu'on nomme *halbrans*, ne sont mangeables qu'en août : ils sont fades, peu en chair et moins bons que le canard fait. On arrose le canard sauvage avec sa propre graisse ; on le sale à moitié cuisson. Une demi-heure suffit à un feu vif. En le sortant de la broche, pressez un citron sur son estomac. Il faut que le jus ruisselle en le découpant. Les aiguillettes et les ailes sont les morceaux les plus délicats. Les restes froids sont bons en salmis comme celui de pigeon. ( *Voyez* ce mot.)

### De l'oie sauvage.

La vieille oie sauvage est assez mauvaise ; mais les cuisses et les ailes des jeunes sont très-bonnes, arrangées de la manière suivante. On les distingue à la finesse de la peau qui entoure les yeux et le bec, et à celle des pates. Prenez les ailes et les cuisses d'une jeune oie sauvage, rognez le bout des os, ôtez les ailerons, coupez un peu le dessus de la jointure des cuisses, piquez-les de gros lard, faites-les raidir dans une casserole, avec demi-quarteron de beurre et un peu de lard ; retirez-les, et mettez une cuillerée de farine dans le beurre. Faites un roux ; mouillez-le avec deux verres d'eau bouillante et un verre de vin blanc. Remettez les membres avec le lard ; ajoutez poivre, un bouquet garni, un ognon piqué d'un clou de girofle ; faites cuire trois heures. Pendant ce temps, tournez des pommes-de-terre crues comme des œufs de pigeon ; faites-les cuire dans une casserole, avec un morceau de beurre ou une cuillerée de graisse d'oie ; salez-les : quand elles sont dorées de tous côtés sans être écrasées, égouttez-les de la graisse, mettez-les dans le ragoût cinq minutes avant de servir ; plus long-temps elles se mettraient en bouillie. Dégraissez bien ; servez, en dressant les pommes-de-terre autour. Que la sauce soit courte et liée.

### De la perdrix.

La perdrix rouge et la grise s'accommodent de la même manière. La rouge est plus
estimée, quoique peut-être moins bonne,
étant plus sèche.

### Perdrix aux choux.

Prenez une perdrix, ne lui plumez pas la
tête, troussez les pates en dedans ; piquez-
la sur l'estomac, faites-la blanchir un quart
d'heure à l'eau bouillante, enveloppez-la de
deux bardes de lard, ficelez-la. Prenez un
quarteron de petit lard bien nettoyé, coupez-le en huit morceaux ; coupez aussi dix
tranches de carottes, minces et d'égale grosseur ; mettez-les dans une casserole, avec le
lard et un quarteron de beurre ; faites-les
un peu roussir, et retirez-les. Mettez une
cuillerée de farine dans le beurre ; faites un
roux ; mouillez avec trois verres de bouillon.
Placez votre perdrix au milieu de la casserole, le ventre en dessous ; ajoutez le lard
et les carottes, un bouquet garni, assez de
poivre, quatre saucisses ou quelques tranches de cervelas.... Couvrez, et faites cuire

trois heures à petit feu. Coupez un gros chou en quatre ; faites-le blanchir un quart d'heure à l'eau bouillante ; égouttez-le, et pressez-le bien ; ôtez les côtons du cœur. Une heure avant celle du dîner, arrangez vos quatre quartiers de chou autour de la perdrix ; poivrez-les un peu ; faites bouillir.

Au moment de servir, prenez une casserole proportionnée ; frottez-la autour et dans le fond avec une plume que vous trempez dans le jus de la perdrix, qui doit être épais. Retirez-la, déficelez-la avec soin ; placez dans le fond de la nouvelle casserole une couche de choux, appuyez-les avec une cuiller ; posez la perdrix dessus, le ventre en dessous, et la tête du côté de la queue de la casserole ; arrangez le lard autour. Placez les choux à l'entour et sur la perdrix ; tassez-les bien. La casserole doit être pleine ; c'est de rigueur. Tenez-la chaudement ; ôtez les saucisses et le bouquet de dedans le jus ; dégraissez-le bien ; augmentez le feu pour faire réduire en coulis. Retournez la casserole qui contient la perdrix, sur le plat que vous devez servir, et de manière à ce que votre appareil conserve la forme de la casserole... Cela demande de l'adresse et de l'habitude. Rappelez-vous le côté où est la tête de la perdrix ; faites-la sortir. Mettez les quatre saucisses autour du plat ; arrangez les tranches de carottes en couronne sur le haut des choux ; versez le coulis en dessus ; servez très-chaud.

### Perdrix à l'étouffade.

Prenez une perdrix , troussez-la proprement, enveloppez-la de deux bardes de lard, ficelez-la ; garnissez le fond d'une petite casserole de bandes de lard, placez votre perdrix le ventre en dessous, ajoutez un quarteron de rouelle de veau, un morceau de carotte, une branche de céleri, un bouquet garni, deux pincées de coriandre, un clou de girofle, du poivre, un verre de bouillon et un verre de vin blanc, couvrez, faites cuire une heure et demie ; ensuite faites un roux dans une autre casserole avec un petit morceau de beurre et demi-cuillerée de farine, mouillez-le avec le jus de la perdrix après l'avoir passé ; mettez votre perdrix dedans , dégraissez, faites réduire ; servez-la garnie et recouverte des bardes.

### Perdrix à la purée de lentilles.

Prenez une perdrix, piquez-la de petit lard, faites-la revenir avec demi-quarteron de beurre et un quarteron de petit lard coupé en morceaux ; quand elle a pris couleur, versez une chopine d'eau froide dessus, mettez un bouquet garni, du poivre et un demi litre de lentilles de l'année, lavées, épluchées et sans pucerons ; couvrez, faites cuire deux heures à petit feu, ne remuez pas et veillez à ce que les lentilles ne s'attachent pas. Otez le bouquet, passez les lentilles à travers la passoire fine ; arrangez la perdrix et le lard sur le plat, tenez-la chaudement sur une casserole pleine d'un autre ragoût ; remettez un instant la purée sur le feu, dans la casserole où était la perdrix, versez la ensuite dessus : elle ne doit être ni trop claire ni trop épaisse.

### Perdreaux à la broche.

Les perdreaux sont bons à cet usage depuis le 15 d'août jusqu'en février : on les distingue des perdrix en ce qu'ils ont le bout de la première plume de l'aile pointu, tandis qu'il est arrondi dans les autres.

Ne leur plumez pas la tête, laissez-leur les pates allongées ; piquez - les, surtout les rouges qui sont secs, ou bien couvrez-les d'une barde de lard, arrosez-les avec de l'huile d'olive ; il ne faut qu'une demi-heure pour cuire un perdreau : vous pouvez les servir avec des citrons.

### Salmis de perdreaux.

Les restes de perdreaux à la broche, s'arrangent en salmis, comme celui de pigeon.

### Bécasses.

Les bécasses arrivent au commencement de novembre.

Ne les videz pas, ne leur plumez pas la tête, laissez le bec et les ongles, tournez les pates autour des cuisses et maintenez-les en passant le bec en travers, en forme de brochette ; laissez-les faisander quatre jours au moins ; couvrez-les d'une barde, mettez-les demi-heure à la broche avec des tranches de pain rôti en dessous, pour recevoir ce qui tombe de leur corps ; servez-les sur ces roties avec ce qui est resté dans la lèchefrite.

### Bécassines et bécasseaux.

Le passage de ces oiseaux est en mars et octobre, il y en a pourtant qui restent toute l'année, mais peu. Ils sont moins gros et moins estimés que les bécasses; ils s'arrangent de même, mais il ne leur faut que vingt minutes de cuisson.

### Salmis de bécasses, bécassines et bécasseaux.

Après avoir été mis à la broche, séparez les ailes et les cuisses, ainsi que l'estomac; hachez à coups de couperet les têtes, croupions, carcasses et l'intérieur des corps; mettez-les dans une casserole avec quatre échalottes hachées, un ou deux verres de vin blanc, selon la quantité de gibier; sel, poivre, une gousse d'ail, gros comme une noix de beurre, une cuillerée d'huile d'olive; faites bouillir un quart d'heure à petit feu, passez à travers la passoire en pressant bien sur une autre casserole, mettez vos morceaux de bécasse dedans, ajoutez une demi-douzaine de petits croûtons grillés; faites mijoter un quart d'heure; servez les croûtons autour.

### Des cailles.

C'est en septembre que les cailles sont grasses et bonnes, on les met à la broche, et comme on les sert entières, il en faut autant que de convives, à moins qu'il n'y ait plusieurs rôtis; videz-les, ne leur plumez pas la tête, bardez-les et arrosez d'huile ; faites-les cuire vingt minutes: vous pouvez mettre les restes en salmis comme le pigeon.

### Des sarcelles.

Ce sont des espèces de petits canards qu'on met à la broche comme les gros sauvages : il ne leur faut que vingt minutes de cuisson. En les sortant de la broche, arrosez-les d'un jus de citron, servez-les avec une sauce piquante: les restes peuvent se mettre en salmis. *Voyez* Pigeon.

### De la grive et des alouettes.

Les grives et les alouettes sont très-grasses quand il y a de la neige: on ne les vide pas, on les met à la broche après les avoir bardées; un quart d'heure de cuisson suffit. Elles sont excellentes en salmis comme celui de bécasse.

### Du vanneau.

Les vanneaux viennent en troupe au mois de février et restent peu de temps dans le même lieu. Leur chair est assez bonne. On les vide, on les barde ; on les met une demi-heure à la broche. Il faut les arroser d'huile. On peut les mettre ensuite en salmis de pigeon.

### Des petits oiseaux.

On mange à la campagne une infinité de petits oiseaux qu'on prend dans des pièges. Ils sont tous bons quand ils sont gras. On les vide, on les barde, on les met un quart d'heure à la broche. On en fait le lendemain un salmis de bécasse.

### SAUCES.

### Jus.

Mettez dans une casserole deux ognons coupés en rouelles, deux carottes et un panais coupés de même, un pied de céleri fendu en deux ; posez dessus demi‑livre de rouelle de veau, un peu de petit lard, des débris de viande et de volaille crus, de toute espèce, mais sans graisse ; ajoutez un verre de bouillon. Faites bouillir demi-heure à petit feu. Le bouillon étant diminué et les légumes et la viande bien colorés, versez suffisamment d'eau bouillante pour qu'elle surnage; mettez peu de sel, du poivre, un bouquet garni, une gousse d'ail. Si vous avez une vieille perdrix sans destination, ce qui arrive souvent à la campagne, fendez-la en deux et mettez-là dedans, rien ne fait de meilleur jus. Laissez cuire deux heures, couvert et à petit feu. Passez d'abord les viandes dans la passoire en les pressant, puis ensuite dans un tamis. Laissez refroidir et dégraissez. Ce jus doit être coloré et d'un bon sel.

Quand on a un dîner un peu considérable et recherché, il est indispensable d'avoir du jus pour colorer et bonifier certains ragoûts : mais on s'en passe très-bien dans la cuisine bourgeoise, et l'on n'en fait que lorsqu'on a des débris qui seraient perdus sans cela.

### Du bouillon.

Le bouillon dont on se sert dans tous les ragoûts ou sauces, doit être dégraissé à froid, sans cela il reste toujours quelques parcelles de graisse qui communiquent un mauvais goût.

Roux ou coulis.

Prenez un quarteron de beurre, deux cuillerées de farine ; faites roussir en remuant toujours, pour qu'il n'y ait aucun grumeau. Mouillez avec deux verres de bouillon que vous faites bouillir avant ; versez-le peu à peu de la main gauche, et tournez également de la droite. (Quand on se sert de bouillon froid, le coulis n'est jamais aussi bien lié et la graisse surnage.) Mettez dedans huit champignons coupés en quatre, si vous en avez, du poivre, deux cuillerées de jus, sinon vous mettrez un bouquet garni. Faites bouillir un quart-d'heure à petit feu, remuez de temps en temps. Retirez le bouquet, mettez ce coulis dans une terrine pour vous en servir au besoin. En en mettant une cuillerée ou deux dans les sauces, au moment de servir, vous vous éviterez la peine de faire un roux à chaque ragoût.

### Vert d'épinards.

Prenez deux bonnes poignées d'épinards et deux tiges de ciboule. Jetez-les à l'eau bouillante dans laquelle vous aurez mis avant, une poignée de sel. Faites bouillir un quart d'heure à grands bouillons. Retirez-les pour les mettre dans un seau d'eau fraîche. Faites-les égoutter quelques minutes dans la passoire. Mettez-les dans un torchon blanc, faites-en sortir tout le jus en tordant. Conservez-le pour le besoin. On s'en sert pour verdir les purées de pois secs, soupes, etc. Il ne se garde pas plus de deux jours.

### Béchamel.

Mettez dans une casserole, demi-quarteron de beurre et une cuillerée de farine ; faites fondre le beurre en tournant toujours ; dès qu'il est fondu et la farine liée, versez dessus peu à peu, deux verres de lait bouillant, et continuez de tourner jusqu'à ce qu'il ait repris son bouillon. Alors mettez-y poivre et sel, demi-gousse d'ail ; faites bouillir un quart d'heure, plus ou moins, suivant ce que vous mettrez dedans, ce qui sera indiqué à l'article.

### Des liaisons.

L'instruction suivante sur la manière de faire une liaison, servira pour toutes les occasions où elle sera indiquée. Que vous mettiez, un, deux ou trois jaunes d'œufs, le procédé est le même. Cassez vos œufs avec précaution pour n'en pas crever le jaune ( il est nécessaire qu'ils soient frais ). Séparez les blancs du jaune, en transvasant celui-ci d'une coquille dans l'autre, jusqu'à ce qu'il reste net; jetez les germes qui sont restés; écrasez les jaunes avec une cuiller, broyez-les bien et délayez-les avec une cuillerée ou deux de ce que vous jugerez à propos. Remuez jusqu'à ce que le mélange soit parfait; versez ensuite peu à peu et en tournant toujours, dans votre sauce *hors du feu*; ne l'y remettez plus dès l'instant que la liaison est mise, autrement elle tournerait.

### Sauce blanche ordinaire.

Mettez dans une casserole une demi-cuillerée de farine ; délayez - la peu à peu, hors du feu, avec les trois quarts d'un verre d'eau chaude, faites en sorte qu'il n'y ait pas un grumeau. Mettez sur le feu, tournez également et sans interruption jusqu'à ce que cela bouille. Ajoutez sel, poivre, un filet de vinaigre, quelquefois une demi-gousse d'ail. Retirez la casserole sur le bord du fourneau, pour qu'elle bouille doucement. Au moment de vous en servir mettez dedans un quarteron de beurre frais, tournez pour le faire fondre ; ajoutez la liaison d'un jaune d'œuf. Servez avec ou sans câpres.

### Sauce blanche à l'anglaise.

Mettez dans une casserole une cuillerée de vinaigre, une demi-livre de beurre frais, poivre et sel. Tournez jusqu'à ce que le beurre soit fondu, ne laissez point bouillir. Retirez du feu, servez-vous-en de suite.

### Sauce à la moutarde.

Mettez dans une casserole un petit morceau de beurre, une pincée de farine. Faites-lui prendre un peu couleur ; mouillez

avec deux cuillerées de bouillon chaud, remuez toujours. Ajoutez une pincée d'échalottes hachées, avec une pointe d'ail, du
poivre, du sel, une cuillerée de moutarde.
Faites bien lier en tournant.

Cette sauce est bonne avec des côtelettes
de porc frais, et toutes sortes de viandes
rôties ou grillées.

### Sauce aux échalottes.

Prenez huit échalottes et une pincée de
persil hachés; deux cuillerées de vinaigre,
deux de bouillon, deux pincées de chapelure, un cornichon haché; faites bouillir un
quart d'heure.

### Sauce à l'anchois.

Lavez un anchois à deux eaux, ôtez l'arête
du milieu; pilez-le un peu, mettez-le dans
une casserole avec un verre de vin rouge,
une cuillerée de jus ou de bouillon, une
échalotte hachée. Faites mijoter un quart
d'heure. Cette sauce est bonne avec le bouilli
et les rôtis.

### Sauce au jambon.

Hachez un quarteron de jambon cru, mettez-le dans une casserole avec un verre de bouillon. Faites-le mijoter à petit feu une demi-heure. Remuez-le souvent en tâchant de le faire fondre. Ajoutez deux verres de bouillon, un bouquet garni, du poivre. Faites cuire une heure. Passez à travers la passoire. Faites un petit roux avec beurre et farine, mouillez-le avec votre sauce. Si vous avez du coulis, mettez-en une cuillerée au lieu de roux.

Bonne avec des œufs pochés, des cardons et du céleri.

### Sauce tomate.

Prenez huit tomates bien mûres, détachez les queues, coupez-les en travers; faites sortir avec le pouce toutes les graines contenues dans les loges. Mettez dans une casserole un ognon coupé en rouelles avec un demi-quarteron de beurre; faites-le roussir également d'une belle couleur blonde, ajoutez-y demi-cuillerée de farine, tournez et mouillez avec deux cuillerées de bouillon, mieux de jus. Mettez vos tomates avec une feuille de laurier, une branche de thym, un morceau de poivre-long, dit piment; salez un peu fortement. Faites bouillir une heure, remuez de temps en temps; passez à travers la passoire fine. Vous pouvez préparer cette sauce d'avance et la faire réchauffer au besoin. Elle se garde deux ou trois jours. Bonne avec tout.

### Sauce à l'anguille ou à la tartare.

Mettez dans une casserole deux cuillerées de moutarde, sel et poivre, persil, ciboule, estragon, une gousse d'ail, en tout la valeur d'une cuillerée, haché très-fin; une cuillerée de bouillon chaud, mieux de coulis; posez sur le feu; tournez sans cesse, pour que la moutarde se lie, mais ne faites point bouillir; ajoutez une cuillerée de vinaigre, deux d'huile; tournez encore; que le mélange soit parfait.

### Sauce piquante.

Mettez dans une casserole gros comme un œuf de beurre, une demi-cuillerée de chapelure, deux échalottes hachées, poivre

et sel, une cuillerée d'huile d'olive ; remuez
un instant ; ajoutez une cuillerée de bouillon,
deux cornichons hachés ; faites faire un seul
bouillon.

### Sauce Robert.

Hachez grossièrement six ognons, mettez-
les dans une casserole avec demi-quarteron
de beurre ; faites-les roussir également, et
mijoter jusqu'à ce qu'ils soient bien cuits.
Alors mettez-y une cuillerée de farine, tournez un peu ; mouillez avec un verre de bouillon ; salez, poivrez, faites cuire encore vingt
minutes. Au moment de servir, liez cette
sauce avec une cuillerée de moutarde.

### Pâte à frire.

Mettez dans une petite terrine trois cuillerées de farine avec une bonne pincée de
sel fin ; faites un trou au milieu ; ajoutez deux
jaunes d'œufs frais. Tournez doucement avec
une cuillère, pour leur faire prendre tout
ce qu'ils peuvent de farine ; mettez ( toujours
dans le milieu ) une cuillerée d'eau bouillante ; ne cessez pas de tourner ; ajoutez une
cuillerée d'huile d'olive ; enfin une d'eau-

de-vie, si c'est pour des sucreries, ou de vinaigre si c'est pour des viandes ou légumes. Tournez encore jusqu'à ce que votre pâte soit liée et sans grumeaux. Battez à part les deux blancs de vos œufs ; faites-les monter en neige ferme ; ne les mêlez à votre pâte qu'au moment de vous en servir. Faites-la une heure d'avance pour qu'elle soit plus légère.

### DU POISSON.

### Turbot.

Placez votre turbot dans une casserole ou une turbotière proportionnée à sa taille ; emplissez-la d'eau froide ; et selon la grandeur de votre vase, faites fondre une ou deux poignées de sel dans une casserole à part avec un verre ou deux d'eau bouillante ; étant bien fondu, laissez refroidir, et versez dans l'eau du turbot. Placez-le sur un feu modéré, couvrez et faites cuire à petits bouillons environ une heure, suivant son épaisseur ; laissez-le dans son eau jusqu'au moment de servir ; alors égouttez-le bien ; servez-le avec une sauce blanche aux câpres, soit dans une saucière ou sur le poisson.

### Saumon sur le gril.

Prenez une tranche de saumon d'un pouce et demi d'épaisseur ; si vous en voulez davantage, vous ferez bien de le partager en deux, parce qu'il se cuira mieux. ( Le morceau qui approche de la queue est sec et mauvais. ) Marinez-le une heure d'avance avec sel, poivre, huile d'olive ; enveloppez-le d'un papier huilé ; mettez-le trois quarts d'heure sur le gril, à petit feu ; ôtez le papier ; servez avec une sauce blanche aux câpres, ou simplement à l'huile et au vinaigre.

### Alose sur le gril.

Videz et lavez une alose, essuyez-la bien, n'oubliez pas d'ôter les ouïes. Ciselez-la en travers des deux côtés et sur toute sa longueur. Faites-la mariner comme le saumon. Mettez-la une heure sur le gril à petit feu. Pendant qu'elle cuit, frottez-la souvent avec une branche de sauge que vous trempez dans l'huile qui a servi à la mariner. Servez-la avec une sauce aux câpres, ou sur une farce d'oseille, préparée comme celle des ris de veau ; vous y ajouterez seulement deux cuillerées de coulis pour remplacer le jus des ris.

#### Morue à la maître-d'hôtel.

La bonne morue a la chair blanche et la peau noire.

Lavez-la, faites-la dessaler vingt-quatre heures ; changez l'eau trois fois dans cet intervalle ; ne la laissez pas plus long-temps, car si elle était trop dessalée elle perdrait de sa bonté. Ratissez bien la peau ; placez-la dans une casserole avec de l'eau froide qui la recouvre ; posez-la sur le feu, et lorsqu'elle a fait le premier bouillon retirez la casserole ; couvrez-la et laissez-la un quart d'heure dans son eau. Alors faites-la égoutter, levez la chair par écailles ; ôtez toutes les arêtes, mais laissez la peau qui est très-bonne.

Maniez un quarteron de beurre avec une pincée de farine, une pincée de persil, ciboule, une gousse d'ail hachée ; mettez-le dans une casserole avec la morue chaude ; ajoutez poivre, un jus de citron, faites sauter sur le feu ; dès que le beurre est fondu et lié, servez.

1. 27

### Morue à la béchamel.

Faites-la cuire et la préparez comme la précédente. Mettez-la ensuite dans une sauce béchamel; faites-la bouillir un quart d'heure.

Vous pouvez aussi, lorsqu'elle est dans le plat, la couvrir de panure et la mettre quelques minutes sous un four de campagne chaud et plein de braise; quand le dessus sera doré, retirez-la et servez très-chaud.

### Raie sauce aux câpres.

Prenez un morceau de raie garnie d'un morceau de foie, lavez-la et mettez-la dans une casserole avec de l'eau froide, qui surnage, une petite poignée de sel, une gousse d'ail, un ognon, un gros bouquet garni, un clou de girofle, un demi-verre de vinaigre; quand elle bout ajoutez le foie, faites faire quelques bouillons, retirez la casserole, couvrez-la; au bout d'un quart-d'heure ôtez la raie, enlevez-en la peau, égouttez et servez le foie à côté; versez dessus une sauce blanche aux câpres.

### Raie au beurre noir.

Préparez-la comme la précédente; mettez

dans une poêle un quarteron de beurre, faites-le frire, jetez dedans une poignée de persil non lavé, quand il est cassant, quoique vert, retirez-le et placez-le sur la raie ; ajoutez au beurre un demi-verre de vinaigre; faites bouillir un instant, versez sur la raie et servez très-chaud.

### Des soles, limandes et carrelets.

Ces trois poissons s'accommodent de même.

Videz-les, ôtez les ouïes, rognez la queue et les nageoires avec des ciseaux, lavez-les à plusieurs eaux, faites-les frire ou mettez-les au gratin entre deux plats.

### Manière de les frire.

Roulez-les dans de la farine; mettez un diable sur le fourneau, emplissez-le à demi de bonne friture, celle de beurre fondu est la meilleure : vient ensuite l'huile d'olive; le saindoux a toujours un mauvais goût ; lorsqu'elle est très-chaude et qu'elle pétille, prenez votre poisson par la queue, faites-le couler dedans; au bout d'un quart d'heure retournez-le, et quand il est jaune et ferme retirez-le, posez-le d'abord sur un plat pour qu'il s'égoutte, puis mettez-le dans celui qui doit servir et qui doit être chaud, saupoudrez de sel fin, servez brûlant avec un citron dans une assiette. Il faut demi-heure de cuisson.

Une friture bien faite, de quelque genre qu'elle soit, doit toujours être croquante et sèche en dessus.

On doit avoir deux pots de friture, l'une pour le poisson, parce qu'elle en contracte le goût; l'autre pour les viandes, légumes, etc. Toutes les fois qu'on se sert d'une friture, il faut la rafraîchir avec un morceau de beurre fondu, et avoir soin, quand on la remet dans le pot, de jeter le fond de la poêle.

Au gratin, ou entre deux plats.

Votre poisson étant bien propre, étendez une couche très-mince de beurre frais dans le fond d'un plat qui aille au feu; poudrez ce beurre avec de la chapelure, poivre et sel; posez votre poisson dessus, arrosez-le de la moitié d'un jus de citron, couvrez-le de chapelure, poivre, sel et muscade, quelques morceaux de beurre aplatis avec les doigts, en tout demi-quarteron ; versez dessus demi-verre de bouillon ; posez le plat sur un feu très-doux, couvrez et mettez de la cendre rouge sur le couvercle ; faites mijoter une bonne demi-heure ; entretenez le feu bien égal dessus et dessous ; servez dans le même plat.

### Merlan.

Les merlans se font frire et se mettent au gratin comme les soles, etc. ; mais comme ils sont fades, on peut, quand ils sont frits, les servir avec une sauce au jambon, ou les mettre sur le gril, après leur avoir fait quelques ciselures sur les côtés et les avoir roulés dans de la farine, poivrés et salés ; alors on les sert avec une sauce aux câpres.

### Maquereau à la maître-d'hôtel.

Prenez un beau maquereau laité et bien frais, videz-le, ôtez les ouïes, rognez la queue et le bout de la tête, fendez-le sur le dos, depuis la tête jusqu'à la queue, mais sans le séparer, faites-le mariner une heure, avec sel, poivre, huile et un jus de citron, mettez-le une demi-heure sur le gril, ne le retournez qu'une fois ; maniez un quarteron de beurre frais, avec poivre, sel, persil, ciboule, une pointe d'ail, hachés ; posez votre maquereau sur un plat très-chaud, introduisez le beurre dans la fente que vous lui avez faite sur le dos ; servez.

### Harengs frais sur le gril.

Prenez trois harengs frais bien laités, nettoyez-les comme tout le poisson, frottez-les d'huile, sel et poivre, mettez-les un quart d'heure sur le gril ; servez-les avec une sauce à l'huile et au vinaigre, poivre et sel, une bonne cuillerée de moutarde.

### Moules à la poulette.

Prenez des moules en septembre et octobre, ce sont les meilleures ; gratez les coquilles avec un couteau, lavez-les, faites-les égoutter, mettez-les à sec, dans une casserole, sur un feu vif, sautez-les souvent ; quand elles sont toutes ouvertes retirez-les, ôtez les coquilles vides, ne laissez que la partie qui contient la moule ; si vous apercevez des crabes, jetez les ; conservez à part l'eau qu'elles ont rendue, laissez-la reposer, décantez-la ; mettez dans une casserole un quarteron de beurre, une pincée de persil, ciboule et pointe d'ail, hachés, du poivre ; ajoutez demi-cuillerée de farine, faites fondre le beurre en tournant toujours ; mouillez avec un verre de l'eau des moules ; faites bouillir un instant, mettez vos moules dedans, avec un jus de citron ; sautez-les, laissez bouillir dix minutes ; ajoutez une liaison de trois jaunes d'œufs délayés avec une cuillerée de lait.

### Des anchois.

Ils s'emploient à l'assaisonnement des sauces ; on les sert aussi pour hors-d'œuvre ou à déjeuner. Voici la manière de les préparer : mettez-les dans de l'eau, gratez-les avec le dos d'un couteau, lavez-les à une seconde eau, fendez-les sur le dos et enlevez adroitement l'arête du milieu sans les briser ; arrangez symétriquement ces filets en rond sur une petite assiette ou soucoupe, versez de l'huile dessus ; hachez très-finement du persil, ciboule et estragon, placez-en un peu dans chaque intervalle et sur le milieu ; ceci est pour hors-d'œuvre.

Pour déjeuner arrangez-les de même, mais ajoutez-y des jaunes d'œufs durs hachés, et symétriquement distribués avec les fines herbes; servez-les avec du beurre frais.

### Canapés d'anchois.

Prenez deux pains à café, tout frais chapelés, fendez-les en deux dans leur longueur, ôtez-en proprement la mie, arrangez dans le fond de chaque moitié, quatre petits filets d'anchois, arrosez-les d'huile d'olive, poudrez-les de fines herbes hachées; si vous n'aimez pas l'huile, garnissez l'intérieur des croûtes avec du beurre bien frais, mettez les anchois et fines herbes dessus. Ce plat est pour le déjeuner.

Si vous avez un pot ou un baril d'anchois, ayez soin de remplacer la saumure à mesure qu'elle s'évapore : elle n'est autre chose que de l'eau tiède et du sel.

### Carpe au bleu.

Pour qu'une carpe soit bonne à mettre au bleu elle doit peser au moins quatre à cinq livres. Videz-la, ôtez les ouïes, ne l'écaillez-pas. Si elle est aux œufs ôtez-les, mais si elle est laitée, faites cuire la laite avec la carpe; mettez-la dans une poisson-nière avec une poignée de sel, deux gousses d'ail, un ognon, deux tranches de carotte, un pied de céleri, un morceau de lard cou-pé en morceaux, un gros bouquet garni, une demi-gousse de poivre rouge; couvrez-la avec moitié vin rouge coloré et moitié eau; que le bouillon surnage. Faites cuire une heure à petit feu; servez-la sur une serviette garnie de persil. Elle peut se manger à l'huile et au vinaigre, avec une sauce au jambon, ou enfin une sauce blanche aux câ-pres; mais avec cette dernière, il faut l'écail-ler étant cuite, la servir sans serviette ni persil et verser la sauce dessus. Les meilleurs morceaux de la carpe sont la nuque, le ven-tre, la langue et la laitance.

Carpe sur le gril.

Elle s'arrange et s'arrose comme l'alose, se sert avec la sauce aux câpres ou l'oseille. Voyez *Alose.*

Carpe en étuvée.

A Paris, on confond l'étuvée avec la mate-lotte, qu'on ne distingue que par le mélange

des poissons; mais l'étuvée diffère essentiellement de la matelotte, et ce n'est que dans
les pays d'étangs qu'on sait la faire. En voici
la manière : prenez une carpe de deux livres
et demie avec une belle tanche, vivantes; faites-les dégorger deux heures dans un seau
d'eau; écaillez la carpe et videz-la comme il
est d'usage; videz la tanche et limonez-la en
la jetant un instant à l'eau bouillante, et la
frottant ensuite avec un torchon; coupez la
carpe en quatre tronçons et la tanche en
trois; ne perdez pas le sang. Si la carpe est
laitée, laissez la laite avec l'étuvée; si elle est
œuvée, mettez les œufs à part. Mettez dans un
poêlon à longue queue un demi-quarteron
de lard coupé en morceaux; faites-le roussir, ensuite mettez votre poisson dessus avec
un peu de sel, assez de poivre, un bouquet
garni, six gousses d'ail, une pinte de vin
rouge très-spiritueux ; mettez sur le feu du
foyer clair et ardent; faites enflammer le vin
au premier bouillon, et dès qu'il a cessé de
brûler, ajoutez un quarteron de beurre rou-
lé dans de la farine; ôtez le poêlon du foyer,
placez-le sur un fourneau à feu doux, laissez
mijoter un quart d'heure avant de servir.

Pendant que votre étuvée se fait, faites cuire les œufs dans une casserole avec un peu de lard, poivre, et peu de sel ; quand ils sont bien cuits et un peu rissolés, ajoutez-les à l'étuvée dix minutes avant de servir ; tâchez qu'ils ne soient point écrasés.... servez ; que la sauce soit bien liée.

### Carpe frite.

Prenez une carpe de deux livres qui ait dégorgé deux heures ; écaillez et nettoyez-la ; rognez la queue et les nageoires, ôtez la tête ; fendez-là sur le ventre et ouvrez-la d'un bout à l'autre en l'aplatissant, ciselez un peu le dos ; frottez-la avec du sel très-fin et du jus de citron, roulez-la dans de la farine. Mettez votre friture sur un fourneau ; lorsqu'elle est très-chaude, coulez-y votre carpe. Retournez-la au bout d'un quart d'heure ; quand elle est cuite et dorée, que le dessus est croquant, faites-la égoutter deux minutes sur un plat ; posez-la ensuite sur celui que vous devez servir, poudrez-la de sel fin ; qu'elle soit très-chaude.

### Brochet au court bouillon.

Un brochet moyen est meilleur qu'un très-gros. C'est le contraire pour la carpe. Le dos est le morceau le plus délicat du brochet.

Videz entièrement un brochet, car les œufs ni la laite ne se mangent ; ôtez les ouïes, ne l'écaillez point ; placez-le dans une poissonnière avec un demi-quarteron de petit lard en morceaux, un demi-quarteron de beurre, une demi-poignée de sel, un morceau de poivre rouge, un ognon, trois gousses d'ail, un pied de céleri, un gros bouquet garni ; une chopine de vinaigre et autant d'eau qu'il en faut pour qu'elle recouvre le poisson. Faites cuire à petit feu, une heure si le brochet est moyen, une heure et demie s'il est très-gros. Servez-le sur une serviette garnie de persil. Il se mange à l'huile et au vinaigre.

**FIN DU PREMIER VOLUME.**

# TOME PREMIER.

## *Fautes à corriger.*

Page 28, ligne 24. Mais nuance différente, *lisez :* Mais de nuance différente.

Page 69, ligne 1. Les jambes bien garnies de plumes et courtes, *lisez :* Les jambes courtes et bien garnies de plumes.

Page 70, ligne 13. Apres et insipides, *lisez :* Apres ou insipides.

Page 71, ligne 6. Conche, *lisez :* Couche.

Page 89, ligne 13. Corrompre sa froideur, *lisez :* Corriger.

Page 127, ligne 25. Leurs plumes en réserve ainsi que celles, *lisez :* Leur plume en réserve ainsi que celle.

Page 133, ligne 25. De fait en comble, *lisez :* De fond en comble.

Page 162, ligne 5. Une série d'occupations effrayantes, *lisez :* effrayante.

Page 226, ligne 22. Sans le faire bouillir, *lisez :* Sans la faire.

Page 287, ligne 17. En filets propres et égaux, donnez quelques coups de couperet sur les os ; mettez-les, etc., *ponctuez ainsi :* En filets propres et égaux. Donnez quelques coups de couperet sur les os, mettez-les, etc.

Page 320, ligne 8. Tout frais chapelés, *lisez :* Tout frais, et chapelés.

Page 321, ligne 21. Se sert avec la sauce aux câpres ou l'oseille, *lisez :* Se sert avec une sauce aux câpres, ou avec de l'oseille.

9 782329 397948